Annette von Droste-Hülshoff
und ihre literarische Welt am Bodensee
Bearbeitet von Ulrich Gaier

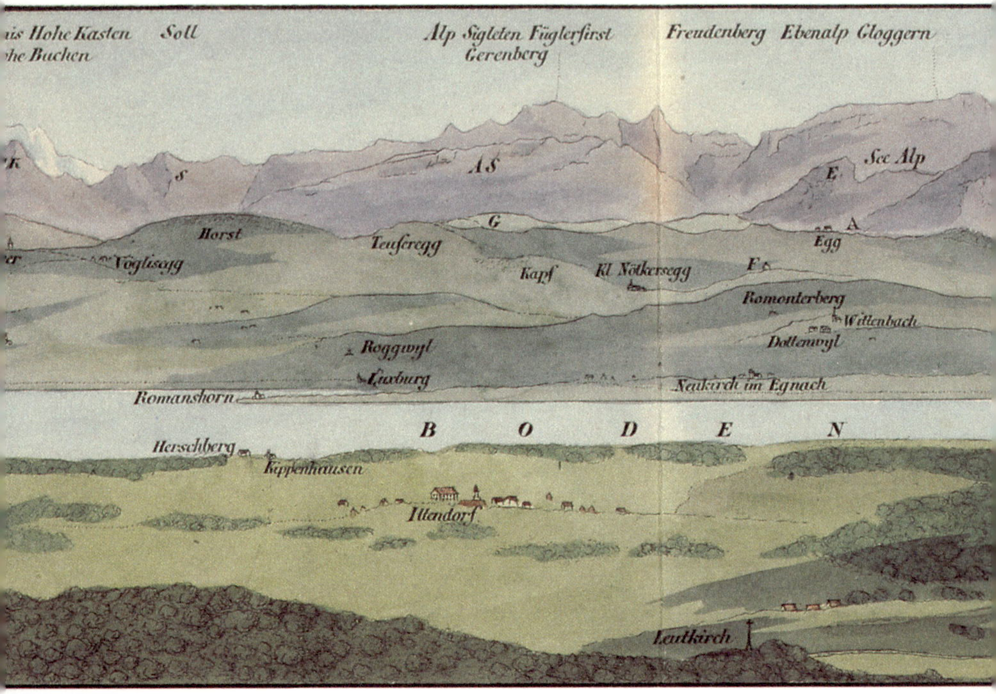

Viele Literaten und Dichter seit dem Reichenauer Mönch Walahfrid Strabo und seinem Gedicht über den Gartenbau ließen sich von der lieblichen Landschaft des Bodensees inspirieren, selten läßt sich jedoch eine so intensive literarische Prägung und eine so reich instrumentierte poetische Umsetzung dieses Raumes beobachten wie bei Annette von Droste-Hülshoff.

Da ist auf mannigfache Kontakte mit Gelehrten und Schriftstellern aufmerksam zu machen, die der Schwager Laßberg in Meersburg vermittelte; sie sorgten dafür, daß die Droste 1844 verwundert feststellte, wie gut sie »hier in Oberdeutschland« angesehen und zugleich in ihrer Heimat Westfalen »schlimmer als übersehen« sei – offensichtlich neige sie sich in ihrer Dichtungsart »mehr als ich es selbst weiß, der Schwäbischen Schule zu«: In der Tat scheinen ihr Balladenstil nach dem Besuch in Eppishusen 1835/36 und ihre Naturlyrik nach

Das Panorama auf diesen Seiten: Ansicht der Alpenkette und des Bodensees gezeichnet auf dem Fürstlich Fürstenbergischen Schloß Heiligenberg von Heinrich Keller. J. Velten in Karlsruhe & Baden (um 1821). Badische Landesbibliothek Karlsruhe (Ausschnitt)

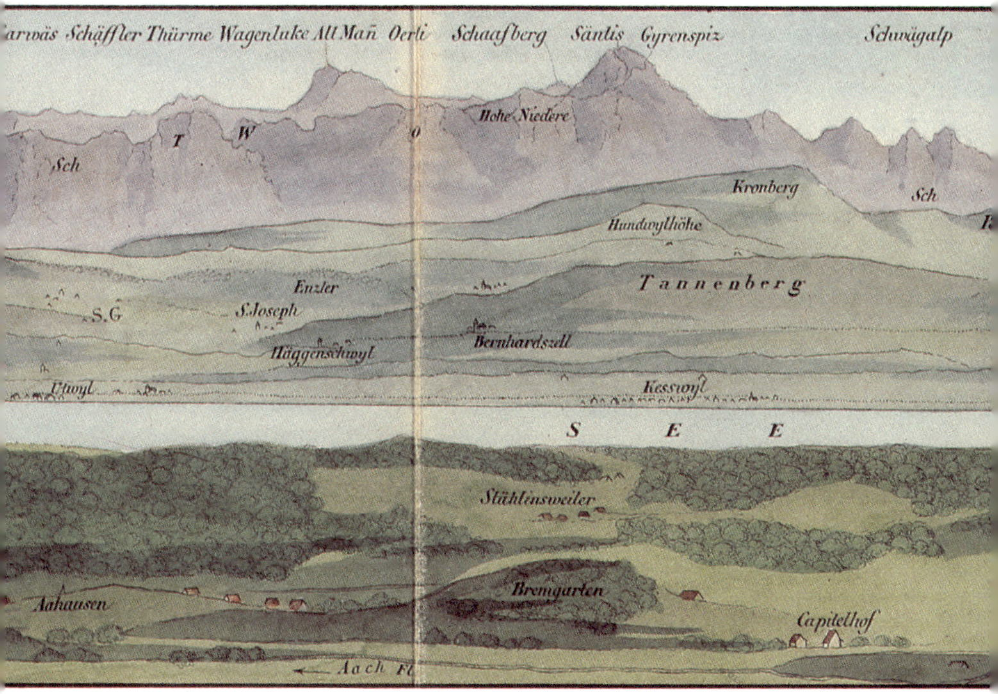

dem ersten Meersburger Aufenthalt 1841/42 auf »schwäbische« Anregungen zu antworten.

Vor allem läßt sich erkennen, daß die Droste die alte Dagobertsburg und das Städtchen Meersburg mit seinen Einwohnern, den See mit seinen wechselnden Beleuchtungen, seinen Zuständen der Ruhe und Empörung, das liebliche Voralpenland und die ernste Kette der Alpen selbst als poetische Landschaft erfahren hat. Mühe- und gefahrvolle An- und Abreisen trennten wie im Märchen diesen in der »Romantik« des Mittelalters oder noch tiefer auf urtümlichem Zeitgrund liegenden Bezirk von der oft ängstlich erlebten Geschwindigkeit und zugleich Langweiligkeit der modernen Welt. Die Menschen traten ihr wie aus Dichtungen entgegen, die Luft erleichterte ihr das Atmen, und die Spaziergänge machten sie »behende wie eine Peitschenschnur«.

Hier folgt deshalb keine Geschichtserzählung über die am Bodensee verbrachten Lebensjahre der Annette von Droste-Hülshoff. Vielmehr sollen Dichtungen von ihr gleichsam entdeckt werden, nämlich die wie Kristalle im berichtenden Gestein ihrer Briefe sitzenden poetischen Schilderungen und Erzählun-

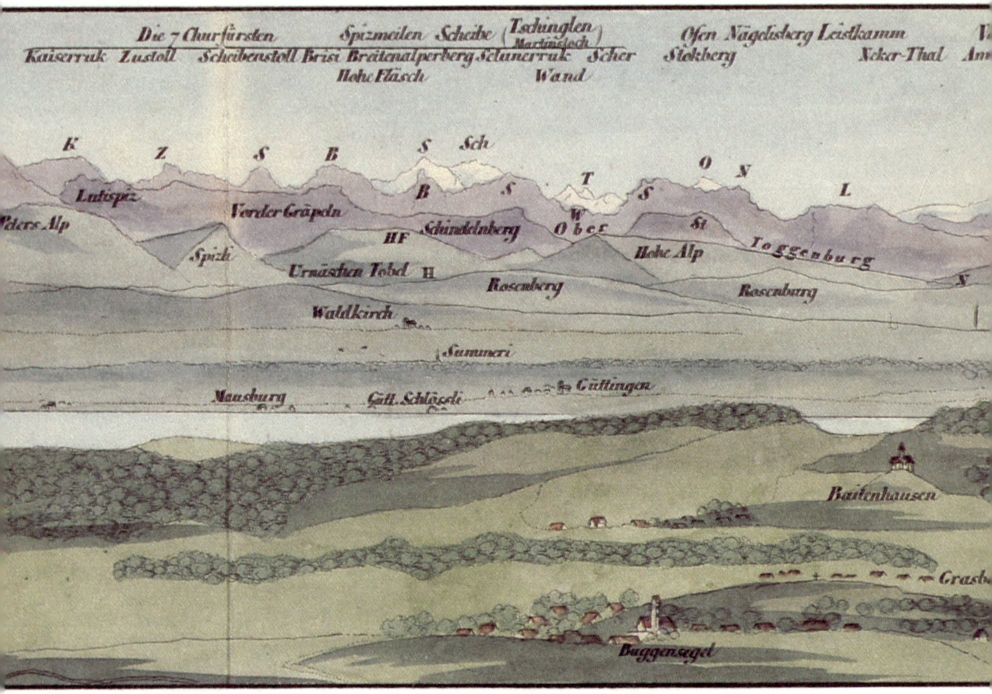

gen von Menschen, Begegnungen und Ereignissen, mit denen sie sich und ihre Briefpartner der Realpoesie der sie umgebenden Welt am Bodensee immer wieder versicherte. Zwanglos lassen sich dabei auch die literarischen Anregungen zeigen, von denen die Rede war, denn auch die Schriftsteller und Gelehrten, denen sie begegnete, beschrieb sie respektlos und humorvoll wie Figuren aus den Romanen von Dickens oder den Zeichnungen von Richter, Spitzweg, manchmal auch Daumier. Einläßliche Darstellungen wichtiger Schriftsteller ihres Nahbereichs am Bodensee – Laßberg, Schücking, Louise von Gall – müssen hier aus Raumgründen fehlen; sie sind ergänzend zur Veröffentlichung an anderer Stelle vorgesehen. Die Bilder dieses Heftes suchen einerseits den zeitgenössischen Blick auf die von der Droste poetisch belebten Orte am Bodensee zu dokumentieren, andererseits halten sie ihren gegenwärtigen Zustand fest. Vielleicht gelingt es so auch vom Optischen her ein Stück weit, in uns Heutigen den schöpferischen Blick wieder zu erwecken, mit dem die Dichterin ihre wirkliche Umgebung am Bodensee in eine poetische Welt umschuf, deren Spiegel ihr die moderne Gegenwart erst in ihrer Wahrheit zeigte.

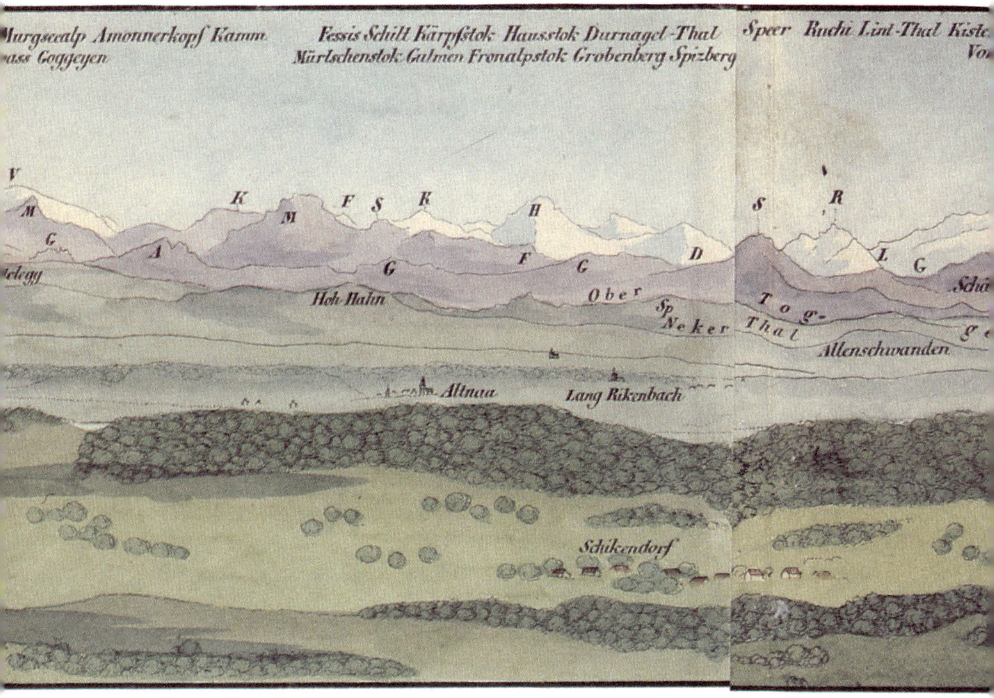

Eppishusen im Thurgau 1835/36

Anna Maria von Droste-Hülshoff, Annettes ältere Schwester, genannt Jenny, heiratete 1834 den Freiherrn Joseph von Laßberg, der in Eppishusen im schweizerischen Thurgau ein Schlößchen besaß. Das kleine Dorf liegt ein paar Kilometer westlich von Amriswil im breiten Tal der bei Romanshorn in den Bodensee mündenden Aach; das Schlößchen etwas außerhalb am Nordhang eines Höhenzugs in einem Einschnitt, wo ein Zufluß der Aach einige Teiche bildet. Südwestlich, jenseits der Teiche, ein bewaldeter Kopf namens Honegg, den Annette zum Aussichtspunkt auf die Alpenkette erwählte.

Sie kam im Oktober 1835 zu Besuch mit ihrer Mutter; Jenny war schwanger und unpäßlich: »Du mußt wissen, lieber Onkel, daß das Befinden unsrer Jenny den ganzen Winter sehr bedenklich war; Mama sowohl als ich haben heimlich das Schlimmste befürchtet, und wir durften es uns doch nicht merken lassen. So saß denn jeder, über seinen Gedanken zu brüten; nein, es war eine erbärmliche Zeit!

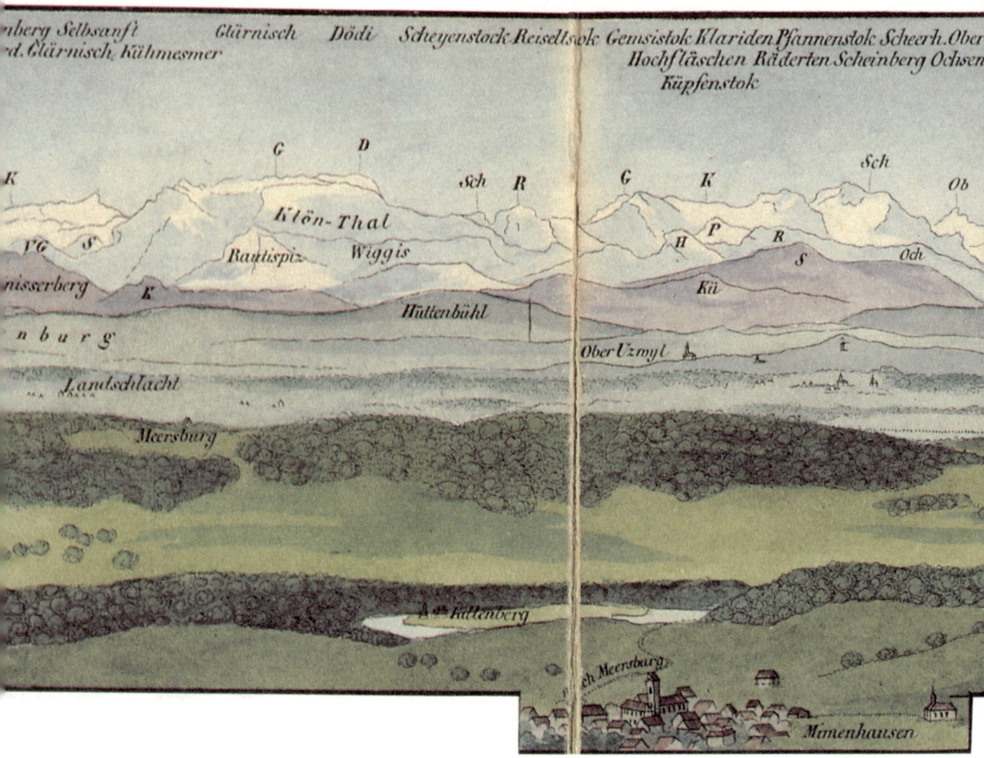

Nachher gab es zuerst viel Last und Pflege mit Jenny und den zwei Ankömmlingen« (*SK I 176*)[1]: Jenny gebar Anfang März die Zwillinge Hildegard und Hildegund, die nun ihrerseits der Tante Sorgen bereiteten: »Die Kinder sind zart, und das eine gradezu schwächlich, aber sonst so niedlich und freundlich, wie man es nur von noch nicht halbjährigen Kindern erwarten kann.« (*SK I 177*) Verantwortlich mußte sie sich fühlen, als sie dies im August 1836 schrieb, denn Jenny war mit Laßberg zur Kur in Baden/Aargau. Ein Unglück hatte die Familie nämlich betroffen, als Jenny nach ihrer Niederkunft den ersten Ausflug wagen konnte: der Kutscher warf um, Laßberg wurde herausgeschleudert und sein Bein zerschmettert. »Ich habe das Mal zwar auch viel abgekriegt und spüre die Folgen zuweilen noch, aber es kömmt mir doch wie nichts vor, wenn ich den armen Laßberg so an seinen Krücken herumschleichen sehe und täglich mehr die Hoffnung verliere, daß er sie je wird ganz fortlegen können.« (*SK I 176*) Seither hatte Annette ein offenbar berechtigtes Mißtrauen gegen Schweizer Kutscher:

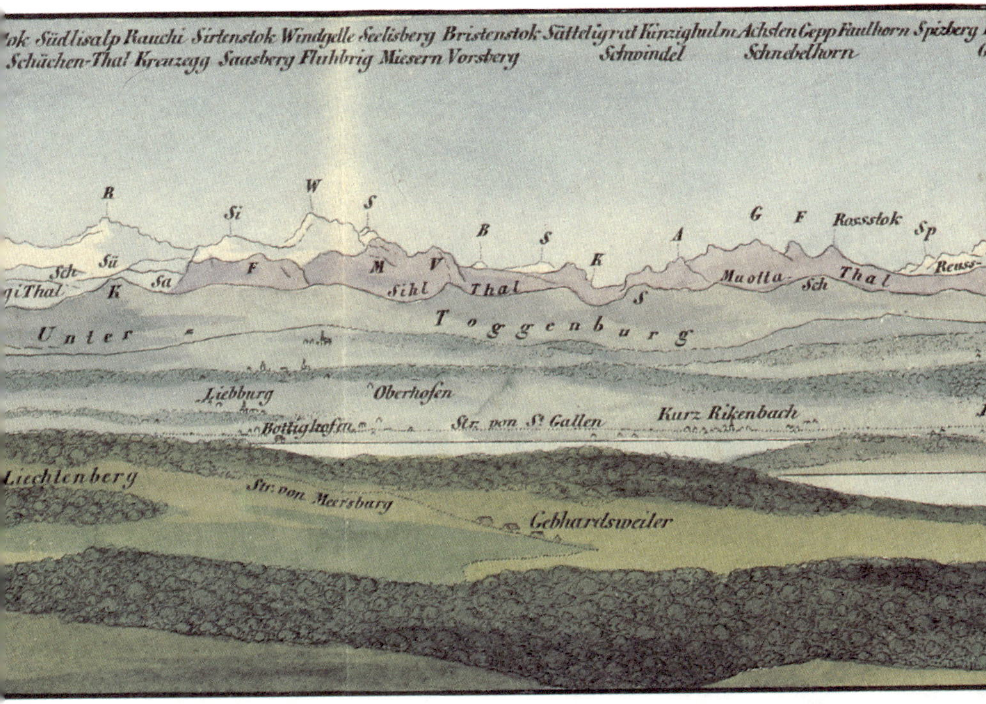

»Wir, nämlich Mama und ich, mit noch vier anderen, haben vor vierzehn Tagen eine kleine Bergreise gemacht, in die Appenzeller Alpen, wo wir fleißig Milch getrunken, Alpenrosen gepflückt und mitten im August an Schneefeldern gestanden haben. Das Merkwürdigste aber ist, daß wir binnen vier Tagen drei verschiedne Kutscher gehabt haben, wovon uns der erste umwarf, der zweite ein noch ungebrauchtes und der dritte ein kolleriges Pferd vorspannte, sodaß wir dreimal in die größte Lebensgefahr geraten sind. Es gibt überhaupt nichts Elenderes als einen Schweizer Kutscher, grenzenlos ungeschickt, furchtsam wie alte Weiber und doch aus Habsucht das Unvernünftigste unternehmend; sie verstehen die Kunst, Dich auf der ebensten Chaussee auf die Seite zu legen; jeden Stein, jedes etwas tiefe Wagengleis wissen sie dazu zu benutzen. Sie kennen sich auch selbst darin und krüppeln wenigstens die Hälfte jedes Weges mit angelegtem Radschuh, daß man vor Ungeduld aus der Haut fahren möchte, und doch ist der Eigennutz so groß bei ihnen, daß Du nicht erwarten darfst, wenn Du einen Kutscher um *vier* Pferde ansprichst, daß er Dir gestehn werde, er habe nur zwei, sondern um den Verdienst nicht zu versäumen, nimmt er lieber die ersten besten zwei Fohlen von

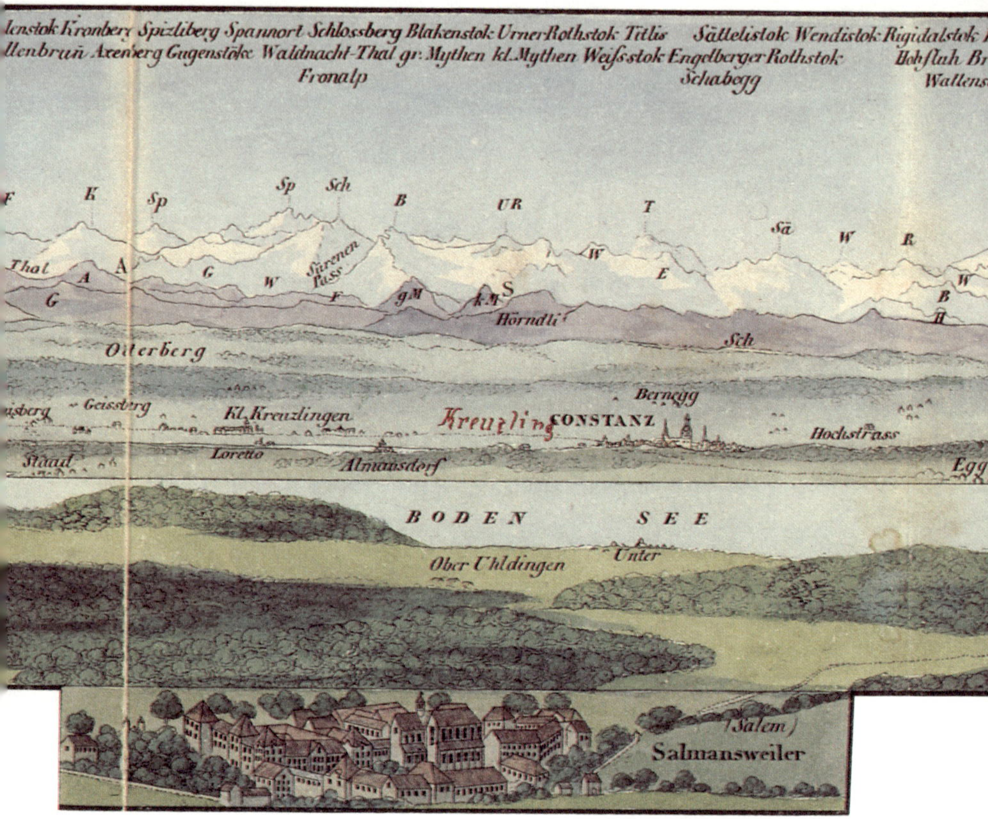

der Weide und setzt ohne Bedenken sowohl seinen als Deinen Hals dran. Es geht auch keine Woche hin, daß man nicht von Unglücksfällen hörte, und Du magst fragen, wen Du willst, jeder ist schon vielmals umgeworfen und hat auch mitunter Schaden genommen, wäre es auch nur ein zerschlagener Kopf oder geschundenes Bein, aber die Leute meinen, das gehöre so dazu.« (*SK I 177f.*)

Erst im August 1836, gegen Ende ihres Aufenthalts, konnte sie sich also den Bergen nähern, die seit ihrer Ankunft im Oktober 1835 das große Erlebnis in der neuen Landschaft waren. Wie sie in der ersten Zeit Land und Leute erfuhr, schildert ein langer, über fast einen Monat hin geschriebener Brief an ihren Münsteraner Freund, den blinden Philosophieprofessor Christoph Bernhard Schlüter (*SK I 155–172*). Der Brief berichtet unter anderem, wie sie in der Nachbarschaft den alten Grafen Thurn, seine Schwester Emilie und seine Tochter Emma kennenlernte.

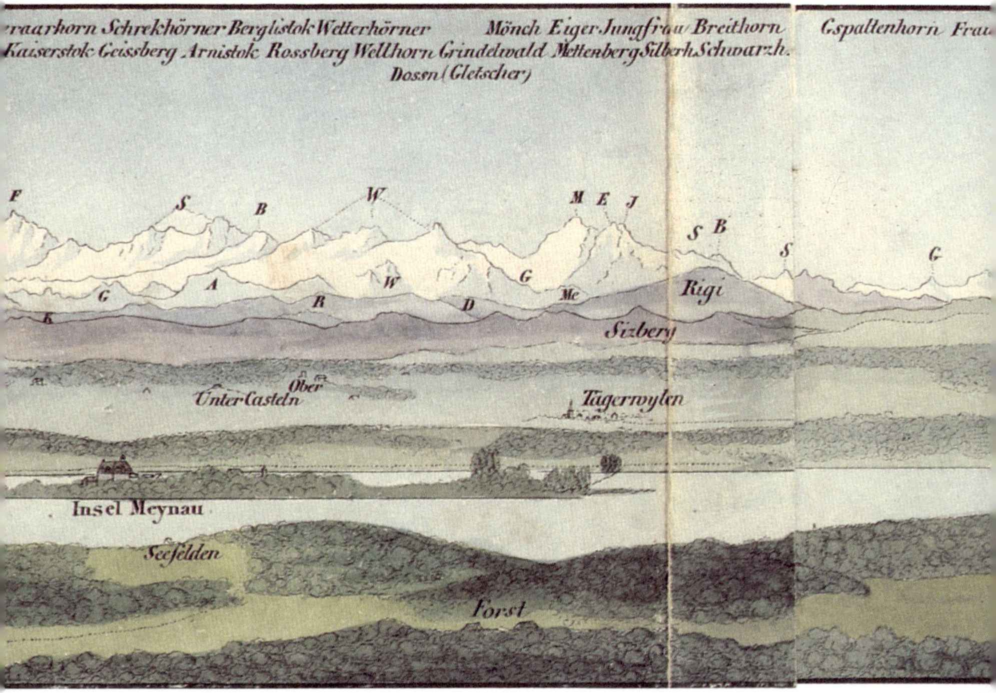

Mit der Familie des Grafen von Thurn hängt vielleicht schon zu dieser Zeit eine Ausschneidearbeit zusammen, die Annette nach einer Vorlage von dem sogenannten Thurnschen Gütchen anfertigte; so hieß ein kleiner Landsitz an dem heute zu Konstanz-Petershausen gehörigen Seeufer an der Spitze des Bodanrückens[2], angelegt von einem Vorfahren des Grafen, der als Domherr in Konstanz lebte. Ausschneidearbeiten wurden im Gegensatz zu Scherenschnitten nicht aus einem einzigen Blatt hergestellt; man schnitt vielmehr die einzelnen Komponenten eines Bildes je für sich aus und befestigte sie nur punktuell auf dem Bildhintergrund, so daß reliefartige Effekte erzielt werden konnten. Annette fertigte solche Arbeiten oft als Geschenke, beklagte aber die Anstrengung, die sie damit ihren Augen antat.

Jedenfalls erfüllte sie, wie im Brief triumphierend berichtet, den Wunsch des alten Grafen, der sein Schlößchen Berg mit allem, was man von da aus sehen kann, endlich in einem vorzeigbaren Gedicht gefeiert lesen wollte:

SCHLOSS BERG

Meinem väterlichen Freunde, dem Grafen Theodor,
und meinen Freundinnen,
den Gräfinnen Emilie und Emma von Thurn-Valsassina,
gewidmet.

Ein Nebelsee quillt rauchend aus der Aue,
Und duft'ge Wölkchen treiben durch den Raum,
Kaum graut ein Punkt im Osten noch, am Thaue
Verlosch des Glühwurms kleine Leuchte kaum.
Horch! leises leises Zirpen unterm Dache
Verkündet daß bereits die Schwalbe wache,
Und um manch' Lager spielt ein später Traum.

Die Stirn gedrückt an meines Fensters Scheiben
Schau sinnend ich ins duft'ge Meer hinein,
Und wie die hellen Wölkchen drüber treiben,
Mein Blick hängt unverwendet an dem Schein.
Ja, dort, dort muß nun bald die Sonne steigen,
Mir ungekannte Herrlichkeit zu zeigen,
Dort ladet mich der Schweizermorgen ein!

So steh ich wirklich denn auf deinem Grunde,
besung'nes Land, von dem die Fremde schwärmt,
Du meines Lebens allerfrühste Kunde,
Aus einer Zeit, die noch das Herz erwärmt,
Als *Eine**, nie vergessen doch entschwunden,
So manche liebe hingeträumte Stunden
An allzu theuren Bildern sich gehärmt.

Wenn sie gemahlt, wie mahlet das Verlangen,
Die Felsenkuppen und den ewgen Schnee,
Wenn um mein Ohr die Alpenglocken klangen,
Vor meinen Auge blitzte auf der See.
Von Schlosses Thurm, mit zitterndem Vergnügen,
Ich zahllos sah die blanken Dörfer liegen,
Der Königreiche vier von meiner Höh'.

* Auguste, Gräfin von Thurn-Valsassina, Stiftsdame in Freckenhorst, starb an den Folgen des Heimwehs.

Mich dünkt noch seh ich ihre blauen Augen,
Die aufwärts schaun mit heiliger Gewalt,
Noch will mein Ohr die weichen Töne saugen,
Wenn echogleich sie am Clavier verhallt;
Und drunten, wo die linden Pappeln wehen,
Noch glaub' ich ihrer Locken Wald zu sehen,
Und ihre zarte schwankende Gestalt.

Wohl war sie gut, wohl war sie klar und milde,
Wohl war sie Allen werth die sie gekannt!
Kein Schatten haftet an dem reinen Bilde,
Man tritt sich näher, wird sie nur genannt.
Und über Thal und Ströme schlingt aufs Neue
Um Alles was sie einst umfaßt mit Treue,
Aus ihrem Grabe sich ein festes Band.

Ihr, ruhend noch in dieser frühen Stunde,
Verehrter Freund, und meine theuren Zween,
Emilia und Emma, unserm Bunde
Gewiß wird lächelnd sie zur Seite stehn;
Ich weiß es, denkend an geliebte Todten
Habt ihr der Fremden eure Hand geboten,
Als hättet ihr seit Jahren sie gesehn.

So bin ich unter euer Dach getreten
Wie eines Bruders Schwelle man berührt,
Eu'r gastlich Dach, wo frommer Treu, im steten
Gefolge, aller Segen wohl gebührt.
Wo Friede wohnt; was kann man Liebres sagen?
Mag Maylands Krone* dann ein Andrer tragen,
Und seinen Scepter, den ihr einst geführt!

Schlaft sanft, schlaft wohl! – Ich aber steh' und lausche
Nach jedem Flöckchen das vergoldet weht,
Ists nicht, als ob der Morgenwind schon rausche?
Wie's drüben wogt, und rollt, und in sich dreht,
Nun breitet sichs, nun steht es überm Schaume.
Was steigt dort auf? – ein Bild aus kühnem Traume,
O Säntis, Säntis, deine Majestät!

* Die Grafen von Thurn-Valsassina sind ein ausgewanderter Zweig des lombardischen Geschlechts Della Torre.

Bist du es dem ringsum die Lüfte zittern,
Du weißes Haupt mit deinem Klippenkranz?
Ich fühle deinen Blick die Brust erschüttern
Wie überm Duft du riesig stehst im Glanz.
Ja, gleich der Arche über Wogengrimmen
Seh ich in weiter Wolkenflut dich schwimmen,
Im weiten weiten Meere, einsam ganz.

Nein, einsam nicht, – dort taucht es aus den Wellen,
CÆSAPIANA hebt die Stirne bleich,
Dort ragt der Glärnisch auf – dort seh' ichs schwellen,
Und Zack' an Zack' entsteigt der Flut zugleich,
O Säntis, wohl mit Recht trägst du die Krone,
Da sieben Fürsten stehn an deinem Throne,
Und unermeßlich ist dein luftig Reich!

Tyrol auch sendet der Verbündung Zeichen,
Es blitzt dir seine kalten Grüße zu;
Welch Hof ist wohl dem deinen zu vergleichen,
Mein grauer stolzer Alpenkönig du!
Die Sonne steigt, schon Strahl an Strahl sie sendet,
Wie's droben funkelt, wie's das Auge blendet!
Und drunten Alles Dämmrung, Alles Ruh.

So sah ich, unter Mährchen eingeschlafen,
In Träumen einst des Winterfürsten Haus,
Den Eispallast, wo seinen goldnen Schafen
Er täglich streut das Silberfutter aus;
Ja, in der That, sie sind hinab gezogen,
Die goldnen Lämmer, und am Himmelsbogen
Noch sieht man schimmern ihre Wolle kraus!

Doch schau, ist Ebbe in dies Meer getreten?
Es sinkt, es sinkt, und schwärzlich in die Luft
Streckt das Gebirge nun, gleich Riesenbeeten,
Die waldbedeckten Kämme aus dem Duft;
Ha, Menschenwohnungen an allen Enden!
Fast glaub' ich Geis zu sehn vor Fichtenwänden,
Versteckt nicht Weisbad jene Felsenkluft?

Und immer sinkt es, immer zahllos steigen
Ruinen, Schlösser, Städte an den Strand,
Schon will der Bodensee den Spiegel zeigen
Und wirft gedämpfte Stralen über Land,
Und nun verrinnt die letzte Nebelwelle,
Da steht der Aether, glockenrein und helle,
Die Felsen möcht man greifen mit der Hand!

Wüßt' ich die tausend Punkte nur zu nennen,
Die drüben lauschen aus dem Waldrevier –
Mich dünkt, mit freyem Auge müßt ich kennen
Den Sennen, tretend an die Hüttenthür;
Ob meilenweit, nicht seltsam würd' ichs finden
Säh' in die Schluchten ich den Jäger schwinden,
Und auf der Klippe das verfolgte Thier.

So klar, ein stählern Band, die Thur sich windet,
Und wie ich lauschend späh' von meiner Höh,
Ein einzger Blick mir zwölf Cantone bindet;
Wo drüben zitternd ruht der Bodensee,
Wo längs dem Strand die Wimpel lässig gleiten,
Vier Königreiche seh' ich dort sich breiten,
Erfüllt ist Alles, ohne Traum und Fee.

Mein stolzer edler Grund, dich möcht ich nennen
Mein königlich' mein kaiserliches Land!
Wer mag dein Bild von deinen Gletschern trennen,
Doch Liebres ich in deinen Thälern fand; –
Was klinkt an meine Thür, nach Geisterweise?
Horch! »guten Morgen, Nette« flüsterts leise,
Und meine Emma bietet mir die Hand.

(D-HKA I 373–376)[3]

Ihrem Schwager Laßberg, dem großen Sammler mittelalterlicher Handschriften und Förderer der aufstrebenden germanistischen Philologie und Editionskunst schenkte sie zum Einstand in Eppishusen sechs Liederbücher aus dem XVI. Jahrhundert, die sie seit 1825 für Singstimme und Klavier bearbeitet hatte.[4] Unter Laßbergs Aufsicht modernisierte sie während der Eppishuser Monate das sog. Lochamer-Liederbuch und versuchte die Mensural-Notierung der Musik, von denen er gar nichts und sie selbst nicht viel verstand, in Lieder für Singstimme und Klavier umzusetzen.[5] Laßberg schickte alles zusammen Ludwig Uhland, mit dem er seit 1820 wegen der gemeinsamen Interessen an altdeutscher Literatur in Verbindung stand, mit der Bemerkung: »Da die beigefügten Weisen [im Lochamer-Liederbuch] nur einfach die Singstimme enthalten; so hat meine Schwägerin Nette Droste (der ich auch das erstgenannte Liederbuch verdanke) zu iedem Liede einen Baß gesezt; so daß sie sich nun ser gut mit Klavierbegleitung spielen lassen.«[6] So wichtig war ihm die Arbeit der Komponistin, daß er eigens ein Klavier für sie mietete und ins Schlößchen transportieren ließ (*SK I 172*).

Uhland, den Adressaten ihrer Arbeit, zu dessen Volkslieder-Sammlung sie damit schon indirekt beitrug[7], lernte sie erst 1841 auf der Meersburg kennen. Aber auf Uhland, den berühmten Balladendichter, muß sie spätestens durch diese Beziehung aufmerksam geworden sein; ihre Wendung vom Typus der exotischen und phantastischen Ballade, der ihre ersten Gedichte dieser Gattung angehören, zur historischen und insbesondere regional historischen Ballade, die mit ›Der Graf von Thal‹ 1836 beginnt, ist die Wendung zu dem von Uhland eingeführten Balladentypus.[8] Ihre Balladen tragen von da an den Stempel des nach Ort und Zeit überprüfbaren Geschehens, dessen Merkwürdigkeit die Dichtung bewahrt.

In ihren nach der Abreise an die Schwester gerichteten Briefen läßt sie öfter Johann Adam Pupikofer grüßen, einen in der Nähe wohnhaften Schweizer Historiker und Gelehrten, der Laßberg in seiner Forschung und Sammeltätigkeit erfolgreich zur Hand ging. Auch mit der Droste kam es zur Zusammenarbeit, die Pupikofer allerdings mit gemischten Gefühlen kommentierte:

»Annette von Droste-Hülshof kam nach Bischofszell zum Gottesdienst und stieg bei uns ab. Als meine Tochter Klavier spielte, spielte sie auch ... [Sie] war klein, mit großen Augen, sie hatte wohl die Männer gern ... Annette besaß große Liebhaberei für den Festkalender. Sie war sehr katholisch ... Einmal sagte mir Laßberg: Sie vertieft sich in ein Gedicht, führte mich vor die Türe ihres Zimmers; sie lag auf ihrem Bette mit offenen Augen und studierte an einem Gedichte. Einmal wünschte sie eine Abschrift von Media vita; eine Übersetzung sei in unserm Gesangbuch ... ich brachte es ihr. Sie gab es zurück, aber das Blatt mit dem Gedichte war heraus. So können auch die Edelsten sich nicht bis zur vollständigen Sündlosigkeit rein bewahren ... Man fragte mich einmal: Welche von beiden [Schwestern Droste-Hülshoff] mir am besten gefallen würde. (Ich gab zur Antwort:) die größere; Annette sei zu schwach.«[9]

Nie versäumt sie es, in ihren Briefen nach Eppishusen den alten Pfarrer im benachbarten Sulgen grüßen zu lassen, Leonhard Schillig, der seit 1817 der Ge-

Schloß Eppishusen bei Erlen. Flugaufnahme Walter Baer, St. Gallen

meinde vorgestanden hatte. Seine Persönlichkeit und Tätigkeit war es vielleicht, die den reizenden biedermeierlichen Zyklus ›Des alten Pfarrers Woche‹ inspirierte, der in Eppishusen entstand.

Wie sie bei der Veröffentlichung des kleinen Werks vorging, ist typisch für die Situation der abhängigen Tochter, in der sich noch die Einundvierzigjährige befand: Ihrem Freund und literarischen Förderer Schlüter machte sie die Dichtung »aufs vollständigste zum Geschenk, Sie können damit beginnen, was Ihnen gut dünkt«; zugleich gibt sie ihm detaillierte Anweisungen, wie er mit dem Text und ihren Korrekturvorschlägen umzugehen habe (*SK I 201*) – das implizierte natürlich die Erwartung, daß Schlüter ihn zur Veröffentlichung bringen werde. Als das geschah, schrieb sie der strengen Mutter als »Deine gehorsame Tochter Nette« :

»Mein Versuch, vor's Publikum zu treten, läßt sich überhaupt für den Anfang recht gut an; ein gewisser Pfeilschifter, ich glaube in Berlin oder sonst wo [Aschaffenburg], der ein Taschenbuch ›Coelestine‹ herausgibt, mit sehr schönen Kupfern, wie ich höre, ziemlich schwierig mit dem Aufnehmen sein soll, denen, deren Gedichte er aufnimmt, aber zum Lohn denjenigen Jahrgang, worin ihre Gedichte stehn, übersendet, und dem Schlüter ohne mein Vorwissen de ›Pfarrers Woche‹ geschickt hat, hat ungemein verbindlich geantwortet und au ßer dem Jahrgang 1839, worin es erscheinen wird und den ich noch bekomme den vorigen Jahrgang 1838 mir geschickt, wie Schlüter schreibt, als besondere Ehrengeschenk und stumme Bitte, ihm ferner Beiträge zukommen zu lassen.« (*SK I 306*)

Insgesamt war dieser erste Aufenthalt in der Region des Bodensees nicht sehr glücklich – ein strenger Winter, Jennys Kränklichkeit, das Kutschenunglück und Laßbergs Behinderung warfen lange Schatten darüber –, aber er bescherte ihr gute Freunde, neue Perspektiven für ihre Dichtung und unvergeßliche Erlebnisse einer Landschaft, die sie mit ihren Menschen zur poetischen Welt zu gestalten schon begonnen hatte.

Auf der Rückseite des folgenden Blatts: Anna Elisabeth Freiin von Droste-Hülshoff. Rosa Wachsbossierung auf schwarzem Samt von Carl Hettler. Etwa 1822. Deutsches Literaturarchiv Marbach

Meersburg, »die zweite Hälfte meiner Heimat«

Dreimal war die Droste zu Besuch im Alten Schloß zu Meersburg: von September 1841 bis Ende Juli 1842, von September 1843 bis September 1844 und von September 1846 bis zu ihrem Tod am 24. Mai 1848. Jedesmal löste sie sich schwer aus der vertrauten Münsteraner Gegend, genoß dann aber die heilsame Luft, den Zauber der Landschaft und die Begegnungen mit Menschen, die im Städtchen und zumal in dem gastlichen Haus des Schwagers Laßberg die Tage abwechslungsvoll machten.

Jenny drängte sehr, daß die Schwester sie in der noch 1838 bezogenen Meersburg möglichst rasch besuchen sollte. Schwager Laßberg war ja so stolz darauf, diese historische Burg erworben zu haben, zum Beispiel hatte er am 21. Februar 1838 an Uhland geschrieben:

»In der Freude meines alten, aber noch immer grünen Herzens, kann ich nicht umhin, Inen zu sagen, daß ich vorige Woche die Nachricht erhielt, wie daß mir die alte bischöfliche Burg zu Meersburg, für den von mir gebotenen Preis, von der Domainenkammer zu Carlsruhe zugeschlagen worden ist. Eine schöne, große Burg, wolerhalten (da vor einem Jare noch das Hofgericht sammt dem Hofrichter darinne saß), hell, warm und in einer Lage, die eine der schönsten Aussichten am Bodensee gewäret. Sagen Sie dies auch Schwab und Abel, und daß man in einem Sommertage, von Stuttgart oder Tübingen, wenn man ein wenig frühe aufstehet, mit der Post bequem nach Meersburg kommen kann. Wie viele geschichtliche Erinnerungen knüpfen sich an diese Besizung. König Dagobert von Austrasien baute sie, Carl Martell erneuerte die Burg, die Welfen, die Hohenstaufen besaßen sie. Warscheinlich trat sie Conradin seinem Vormunde, dem biedern Bischofe Eberhard von Waldburg ab. Bischof Niclaus aus dem Minnesänger Geschlechte von Kiunzingen, hielt 1334 eine 14wöchentliche Belagerung gegen Kaiser Ludwig den Baier, darinne aus, und nötigte diesen mit Schimpf abzuziehen. Die Gegend so wie die ganze Nachbarschaft, ist fruchtbar, freundlich und wolangebaut; der Wein, welcher seit einigen Jaren da aus Traminer Trauben gezogen wird, gehört gewiß unter die vorzüglichsten Weine Schwabens, und ich hoffe, wir sollen in einem der runden Gemächer der guten alten Burg, welche die Aussicht auf die blauen Fluten des Potamus geben, mer als einmal die Erfarung hievon machen. Jezt gehet es ans Einpaken, das ist mühesam und langweilig; aber das Auspaken und Aufstellen ist hinwieder lustig, und dann will ich auch wieder mit erneutem Mut und Lust arbeiten; denn dort wird mir ein Wunsch gewärt, den ich bisher stets vergeblich närte, ich kann alle

Ansicht von Meersburg. 1820. Gouache von Unbekannt. Stadtarchiv Meersburg (89–126)

meine Bücher und Handschriften etc. in einem schönen, hellen gewölbten (ehemaligen Archiv-) Saale beisammen aufstellen und durch die Glastüre eines anstoßenden geräumigen Arbeitszimmers alles übersehen.

Hoc erat in votis: dii melius et auctius fecere! bene est! nil amplius oro! –«[10]

Jenny bot sogar an, Annette ohne Kostgeld als Gast bei sich wohnen zu lassen, und die Mutter offerierte ihr die freie Fahrt in ihrer Begleitung, aber da war der lungenkranke Neffe Ferdinand auf Hülshoff, mit dessen baldigem Tode sie im September 1840 rechnete, der ihr unter den vielen Kindern des Bruders Werner der liebste war und den sie, wenn seine Zeit kam, zum Tode geleiten wollte (*SK I 428–30*). Ferdinand starb im November 1840, Annette blieb auf Hülshoff und zog im Februar wieder nach Rüschhaus, um zu arbeiten: »Wissen Sie wohl, Professorchen, daß ich jetzt ernstlich willens bin, ein ellenlanges Buch im Geschmacke von Bracebridgehall auf Westfalen angewendet zu schreiben, wo auch die bewußte Erzählung von dem erschlagenen Juden hineinkömmt?« (*SK I 507*) Es war der groß angelegte Plan von ›Bei uns zu Lande auf dem Lande‹, mit dem die Droste das Münsterland, das Paderbörnische und das Sauerland als die ihr einigermaßen gut bekannten Provinzen Westfalens vorstellen wollte. Die Darstellung sollte sich an dem aus Beschreibung, Erzählung und Plauderei gemischten Stil des Amerikaners Washington Irving orientieren, der mit seinem

Nicolas Hug (1771–1852), Ansicht der Stadt Meersburg von der Mittagsseite. Kupferstich. Stadtarchiv Meersburg (88–76)

Konrad Corradi (1813–1878), Meersburg von der Seeseite, Stahlstich von Johann Poppel aus J.W. Appell, Der Rhein und die Rheinlande dargestellt in malerischen Originalansichten von Louis Lange. Darmstadt: C.G. Lange 1853–55, Stadtarchiv Meersburg (14/1967-88/-39/2)

›Bracebridge Hall, or the Humorists‹ (1822) ein köstliches und äußerst erfolgreiches Sittengemälde des englischen Landadels geliefert hatte. Die später einzeln veröffentlichte und mit dem bekannten Titel versehene Erzählung von dem Judenmörder im Paderbörnischen sollte darin Platz finden; sie war schon im Januar 1840 in erster Fassung »geschrieben«, schien ihr aber der Herausgabe nicht würdig: »es ist mein erster Versuch in Prosa, und mit Versuchen soll man nicht auftreten« (*SK I 402f.*). Am 1. Juli 1841 wurde die Erzählung der Schwester als »fertig« gemeldet (*SK I 538*); man vermutet sicher zu Recht, daß »immerhin noch eine Ausfeilung an den Ufern des Bodensees gefolgt« ist.[11]

Wenn auch die Arbeit wegen Krankheiten nicht wie gewünscht voranging, Annette wollte nicht gern auf die Meersburg. Hatte sie doch in Eppishusen erbärmlich gefroren (*SK I 488*) und hielt es für eine »verflixte Idee« Laßbergs, wenn er meinen sollte, sie würde sich versprochene Geschenke selbst abholen;

Auf den folgenden Seiten: Altes Schloß von Westen. 1993. Photographie von Siegfried Lauterwasser. – Sterbezimmer der Droste im Alten Schloß (heute Gedenkstätte). Photographie: Vinzenz Naeßl-Doms.

»weder Geld noch Lust« habe sie dazu: »Ich bin eine Stockmünsterländerin und finde den münsterischen Mond bedeutend g[elb]er als den Schweizer. Zudem gab es in Eppishusen doch noch Freiheit und grüne Bäume, in Meersburg haben sie sich aber selbst einen Klotz an den Fuß gelegt, durch ihren Verkehr mit den Honoratioren, und der größte Baum steht im Kübel und heißt Atrus Sinnai. Mama hat leider der Jenny ganz ungebeten versprochen, daß ich auf den Winter hin solle, falls die Reise etwa zu Wasser würde, und ich suche fortwährend nach einem Jesuitenmäntelchen, um vorbei zu kommen.« (*SK I 545*)

Aber Jenny kam mit den Zwillingen, die auf der Reise sich die Pocken einfingen und samt Mutter und Tante auf Rüschhaus in strenge Quarantäne mußten. Annette erkrankte an ihrem fürchterlichen »Äquinoktialhusten«, für sie schon Gewohnheit, für Jenny so schrecklich, daß sie kategorisch Luftveränderung befahl. Annette gehorchte, etwas widerwillig zwar, und differenzierte gleich ihre zitierte Einstellung zum Münsterland: »Und doch bin ich keine echte Westfälin; denn mir sind es unendlich mehr die Menschen wie das Land, und könnte ich alles Liebe um mich versammeln, dann möchte ich es wohl in Sibirien aushalten.« (*SK I 553*) Da die Mutter, bisher auf der Meersburg, gerade wieder in Rüschhaus eintraf, als Annette mit Jenny und den Kindern an den Bodensee aufbrach, konnte mit den Menschen, die sie um sich versammeln wollte, diesmal nicht die Mutter gemeint sein, obwohl Trennung von ihr für Annette »überhaupt der bittre Tod« war (*SK I 493*).

Die literarische Wette

Weshalb sie sich dieses Mal für Meersburg umstimmen ließ, war ohne Zweifel Levin Schücking. Das Vermächtnis ihrer Freundin, der Schriftstellerin Katharina Busch-Schücking, hatte sie trotz seiner jugendlichen »Lapsigkeit« und Arroganz als begabten Menschen liebgewonnen, der einerseits als Buchkritiker seine Karriere machte, andererseits wie ein ausgelassener Junge – siebzehn Jahre älter war sie – 1840 jeden Dienstag von Münster zu ihr nach Rüschhaus trabte. Mit Genugtuung registrierte sie, wie die Freundschaft zu Luise von Bornstedt, einer affektierten Schreiberin von Legendenromanen, erkaltete (*SK I 395*) und genoß die Zuwendung des jungen Mannes, mit dem sie bei verschiedenen Projekten zusammenarbeitete. Wie sorgte sie sich um seine finanzielle Existenz, als Schückings Vater, einst wegen liberaler Gesinnungen ins Exil getrieben, plötzlich wieder da war und dem Jungen, wie sie meinte, das Geld aus der Tasche zog (*SK I 525, 544, 547*)! Überall hatte sie nach Stellen für ihn gesucht; meist vergebens. Laßberg hatte sich schon, nach einem Vorstoß Annettes im Brief an Jenny vom 29. Januar 1839 (*SK I 336f.*), im Sommer 1839 für Schücking interessiert[12], gab aber erst zwei Jahre später endgültigen Auftrag, Schücking möge die provenzalischen Handschriften in seiner Bibliothek ordnen und katalogisieren. Fluchtartig verließ Levin Münster, um den Verdächtigungen und Rechtfertigungen zu entkommen und um in Darmstadt mit seinem Freund Freiligrath ein gemeinsames Projekt zu fördern. In Meersburg traf er Anfang September ein, wo Annette ihn vorfand – erstaunt und ohne von dem seltsamen Zusammentreffen gewußt zu haben, wie sie der Mutter gegenüber behauptete (*SK I 558*). Den Münsteraner Freunden, die viel genauer von ihrem Engagement informiert waren, mußte sie dagegen klar zu machen suchen, daß nicht sie die Idee gehabt habe, sondern der Geheimniskrämer Laßberg, und daß nun vor allem ihre wieder im Münsterländischen weilende Mutter nicht auf falsche Gedanken gebracht werden dürfe (*SK I 563f.*) – jedenfalls wendet sie ihre ganze neu geübte Prosakunst an, um die Peinlichkeit des Zusammentreffens im gleichen Monat im schönen fernen Meersburg herunterzuspielen.

Alle Kunststücke halfen jedoch nicht. Die Bornstedt, pikiert, weil Annette ihr den hübschen Jungen ausgespannt hatte, rechnete zwei und zwei zusammen und trug den gehässigen Klatsch bis nach Hülshoff. Annette zitiert aus einem Brief ihrer Mutter: »Daß Sch[ücking] bei Euch ist, wußte ich schon durch die Hülshoffer, denen es die Bornst[edt], die gleich nach Annas Tode auf acht Tage hingefahren war, erzählt hatte. Wie mag diese die Sache wohl ansehn? Ich fürchte, wie ein verabredetes Rendezvous; das wäre doch sehr traurig.« (*SK I 572*) Die Droste macht deutlich, was durch den von der Bornstedt ungeniert hergestellten Zusammenhang für sie auf dem Spiel stand, »nämlich nicht nur das Aufgeben eines mir sehr werten Verhältnisses, sondern auch meine ganze so langsam und mühsam erkämpfte Freiheit (insofern ich die passive Nachsicht der Meinigen mit meiner Weise zu sein und mich zu den Menschen zu stellen so nennen darf), die ich vielleicht nie[13] oder wenigstens erst nach einer hübschen Reihe von Jahren wieder erlangen würde« (*SK I 542*). Nun war durch die Bornstedt, diese »wahre Pest für Münster«, die Kalamität eingetreten, das Verhältnis zu Schücking und die eigene »Freiheit« bedroht.

Um so vorsichtiger galt es natürlich in Meersburg zu sein. In der Burg konnte man sich fast nur en famille treffen. Blieben gemeinsame Spaziergänge, auch diese vor den Verwandten verheimlicht. Nach Schückings Abreise im Frühjahr 1842 schreibt sie:

Auf den folgenden Seiten: Blick auf die Haltnau bei Meersburg. 1993. – Das »Fürstenhäusle« (heute Museum). 1993. Photographien: Siegfried Lauterwasser.

»Hör, Kind! Ich gehe jeden Tag den Weg nach Haltenau, setze mich auf die erste Treppe, wo ich Dich zu erwarten pflegte, und sehe ohne Lorgnette nach dem Wege bei Vogels Garten hinüber. Kömmt dann jemand, was jeden Tag ein paarmal passiert, so kann ich mir bei meiner Blindheit lange einbilden, Du wärst es, und Du glaubst nicht, wieviel mir das ist. Auch Dein Zimmer habe ich hier, wo ich mich stundenlang in Deinen Sessel setzen kann, ohne daß mich jemand stört; und den Weg zum Turm, den ich so oft abends gegangen bin; und mein eignes Zimmer mit dem Kanapee und Stuhl am Ofen – ach Gott, überall! Kurz, es wird mir sehr schwer, von hier zu gehn, obendrein noch zweihundert Stunden weiter als wir jetzt schon getrennt sind. Solltest Du es wohl recht wissen, wie lieb ich Dich habe? Ich glaube kaum.« (*SK II 10f.*)

Von diesen Spaziergängen – täglich »rennt« sie ein paar Stunden spazieren und wird in der »mirakulösen Luft« »so mager und behende wie eine Peitschenschnur« (*SK I 573*) – zeugt auch das folgende Gedicht, das sich wohl auf einen konkreten Zeitpunkt im Herbst 1841 bezieht, an dem Annette und Levin wieder einmal »beim Figel« einkehrten, einem verwachsenen kleinen Schwarzwälder mit Zöpfchen, der seine Landgaststätte am Hang oberhalb von Meersburg mit possierlicher Geschäftigkeit betrieb und den wegen seines Zopfs »heuraten« zu wollen Annette ihrem Nichtchen Hildegard androhte; die Kleine widerriet aber ernsthaft, da »alles, was zu Herrn Figel gehörte, ganz krumm wäre, ich würde also auch krumm werden, wenn ich ihn nähme« (*SK I 561*). Umgekehrt war die Beziehung zu Levin getragen vom tiefen Ernst des notwendigen bevorstehenden Verzichts. Der Spaß am Figel und die verschwiegene Fülle des Glücks und die Melancholie und die Freude an der schönen Landschaft, die »recht mit Löffeln einzunehmen« ist (*SK I 562*), sie liest man alle hier:

DIE SCHENKE AM SEE

An Levin S.

Ist's nicht ein heit'rer Ort, mein junger Freund,
Das kleine Haus, das schier vom Hange gleitet,
Wo so possierlich uns der Wirth erscheint,
So übermächtig sich die Landschaft breitet;
Wo uns ergötzt im neckischen Contrast
Das Wurzelmännchen mit verschmitzter Miene,
Das wie ein Aal sich schlingt und kugelt fast,
Im Angesicht der stolzen Alpenbühne?

Sitz nieder. – Trauben! – und behend erscheint
Zopfwedelnd der geschäftige Pigmäe;
O sieh, wie die verletzte Beere weint
Blutige Thränen um des Reifes Nähe;
Frisch greif in die kristallne Schale, frisch,
Die saftigen Rubine glühn und locken;
Schon fühl' ich an des Herbstes reichem Tisch
Den kargen Winter nahn auf leisen Socken.

Das sind dir Hieroglyphen, junges Blut,
Und ich, ich will an deiner lieben Seite
Froh schlürfen meiner Neige letztes Gut.
Schau her, schau drüben in die Näh' und Weite;
Wie uns zur Seite sich der Felsen bäumt,
Als könnten wir mit Händen ihn ergreifen,
Wie uns zu Füßen das Gewässer schäumt,
Als könnten wir im Schwunge drüber streifen!

Hörst du das Alphorn über'm blauen See?
So klar die Luft, mich dünkt ich seh' den Hirten
Heimzügeln von der duftbesäumten Höh' –
War's nicht als ob die Rinderglocken schwirrten?
Dort, wo die Schlucht in das Gestein sich drängt –
Mich dünkt ich seh den kecken Jäger schleichen;
Wenn eine Gemse an der Klippe hängt,
Gewiß, mein Auge müßte sie erreichen.

Trink aus! – die Alpen liegen Stundenweit,
Nur nah die Burg, und heimisches Gemäuer,
Wo Träume lagern langverschollner Zeit,
Seltsame Mähr und zorn'ge Abentheuer.
Wohl ziemt es mir, in Räumen schwer und grau
Zu grübeln über dunkler Thaten Reste;
Doch du, Levin, schaust aus dem grimmen Bau
Wie eine Schwalbe aus dem Mauerneste.

Sieh' drunten auf dem See im Abendroth
Die Taucherente hin und wieder schlüpfend;
Nun sinkt sie nieder wie des Netzes Loth,
Nun wieder aufwärts mit den Wellen hüpfend;

[illegible cross-written lines]

Marburg 4ten Aug 42

Ich muß meinem guten Jungen, an den ich doch fortwährend denke, wohl sehr unerwartet sagen, daß
ich erst heute [illegible] den ersten Brief an ihn beginne — und doch ist nichts Schuld daran, als der Wunsch
Dir nur einen recht guten recht ordentlichen zu schreiben, worin ich von vielen langen und schönen
Gedichten erzählen, und aus diesen [illegible] davon in einem hübschen Album leuchten könnte. Bis jetzt
habe ich aber nur ein sehr [illegible] mich, — bin eigentlich erst in den letzten Tagen recht
fleißig gewesen, und darf mit der Antwort nicht warten, bis die [illegible] sich gehörig ausgebildet hat.
— weshalb ich so spät wieder an die Arbeit komme? — Hör zu! — In den ersten acht Tagen war ich todt-
betrübt, und hätte keine Zeile schreiben können, wenn es um das Heil gegangen wäre. — ich lag nur im
[illegible] auf meinem [illegible], und fürchtete mich vor den alten Tagen [illegible] vor dem Tode — [illegible]
[illegible] Strauß, der mich fast keine Minute allein ließ, mich immer hinaus zog, und binnen der
ganzen Woche die sie hier blieb, mich auf eine [illegible] Weise, durch ihre [illegible]
Begleitung und eine endlose Menge bestehende Unterhaltung, über die schwersten Momente [illegible]
[illegible] — Jetzt kam aber eine andere Noth, — dein Brief von Ellingen hätte längst da sein können,
[illegible]
[illegible]
[illegible]
[illegible]
[illegible]
[illegible] betrübten [illegible] in einander, [illegible]
[illegible] — obwohl [illegible] der ersten Brief [illegible] erwartet hätte, — für den zweiten [illegible]
[illegible]
[illegible]
[illegible]
[illegible]
[illegible] — Jetzt [illegible]
[illegible]
[illegible]
[illegible]
[illegible] — vor [illegible] Tagen nun bin ich [illegible]
[illegible]
[illegible]
[illegible]
[illegible]
[illegible]
[illegible]
[illegible]
[illegible]
[illegible]
[illegible]
[illegible] am 15ten Juny [illegible]
[illegible]
[illegible]
[illegible]
[illegible]
[illegible]
[illegible]
[illegible]
[illegible]
[illegible]
[illegible]

Seltsames Spiel, recht wie ein Lebenslauf!
Wir beide schaun gespannten Blickes nieder;
Du flüsterst lächelnd: immer kömmt sie auf –
und ich, ich denke, immer sinkt sie wieder!

Noch einen Blick dem segensreichen Land,
Den Hügeln, Auen, üpp'gem Wellen-Rauschen,
Und heimwärts dann, wo von der Zinne Rand
Freundliche Augen unserm Pfade lauschen;
Brich auf! – da haspelt in behendem Lauf
Das Wirthlein Abschied wedelnd uns entgegen:
»– Geruh'ge Nacht – stehn's nit zu zeitig auf! –«
Das ist der lust'gen Schwaben Abendsegen. *(D-HKA I, 76f.)*

Für die Dichtung der Droste war die Zeit vom September 1841 bis zum Anfang April 1842, als Schücking die Meersburg verließ, um eine Hauslehrerstelle anzunehmen, die fruchtbarste Periode, die sie je vorher oder danach hatte. In seinem schönen Büchlein ›Annette von Droste. Ein Lebensbild‹ erzählt Schücking selbst, wie sie über den mangelnden Erfolg ihrer großen epischen Dichtungen – ›Das Hospiz auf dem großen St. Bernhard‹, ›Des Arztes Vermächtnis‹, ›Die Schlacht im Loener Bruch‹ – sprachen und nach einer Form suchten, in der ihr Talent auch publikumswirksam werden konnte (die Veröffentlichung der ›Judenbuche‹ mit ihrem durchschlagenden Erfolg war noch nicht absehbar):

»Daß das lyrische Gedicht ihr eigentlichster Beruf, war die Ansicht und Überzeugung, die ich dann zu verfechten pflegte; nicht ohne die Dichterin dabei wohl mit einer längeren ästhetischen Auseinandersetzung zu begünstigen, wie es jedoch geraumer Zeit bedürfen würde, um mit einer Sammlung lyrischer Gedichte vor die Welt treten zu können, weil eben die lyrischen Stimmungen und Empfindungen nicht alle Tage kommen und eine neue Blüte treiben, sondern nur von Zeit zu Zeit, wenn einmal irgendein Sturm oder eine Strömung unser Leben ergreift und den schlummernden Meeresspiegel des Gemüts ins Wogen und Wellenschlagen bringt. Das Fräulein hörte mir dann meist mit einem skeptischen Lächeln um ihren kleinen, anmutigen Mund zu; auch eines Morgens in der Bibliothek, wo sie meinen Arbeiten zuschaute; hoffärtig hatte sie mehrmals den Kopf in den Nacken geworfen, wie ein mutiges Pferdchen, und was aus ihren Augen mich anblickte, sah weit mehr wie gutmütiger Spott über die ästhetische Doktrin, die ich entwickelte, aus, denn als ein Einverständnis damit.

Auf der gegenüberliegenden Seite: Annette Drostes Brief an Levin Schücking vom 4.5.1842. Originalgröße der ersten Seite. Deutsches Literaturarchiv Marbach (Depositum aus Privatbesitz)

Altes Schloß Meersburg. Photographie Paul W. John, Berlin. Um 1930. Stadtarchiv Meersburg (1.2.7.9)

Altes Schloß mit Drosteturm. Blick nach Osten zum Neuen Schloß. Photographie: Sigrid von Karlowitz. Konstanz, um 1950. Stadtarchiv Meersburg (1.3.3)

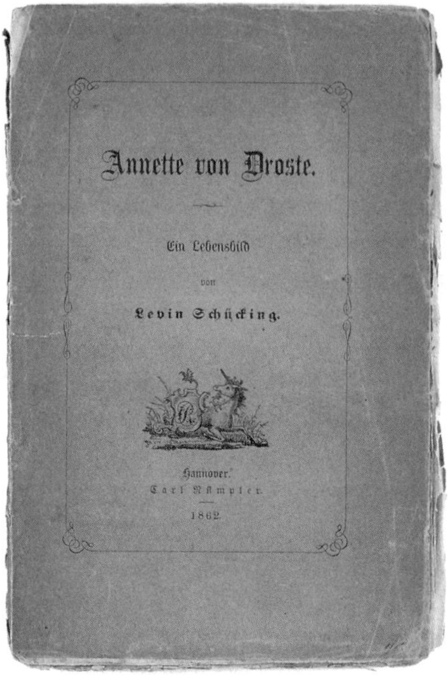

Umschlag von Levin Schückings Droste-Biographie von 1862. – Levin Schücking. Stahlstich nach einem anonymen Ölgemälde von August Weger. Verlag von Baumgartner's Buchhandlung

Annette von Droste dachte wohl nicht gerade in diesem Augenblick an das Goethesche:

> Gebt ihr euch einmal für Poeten,
> so kommandiert die Poesie –

aber gewiß ist, daß sie sich in diesem Augenblick stark genug dazu fühlte, sie herbeizukommandieren – daß sie in sich einen Reichtum des Gemüts, der Empfindung und der Gedanken fühlte, aus dem sie gewiß war, nur immer schöpfen zu können, ohne den Schatz zu mindern: eine Fülle lyrischer ›Stoffe‹, die ja eigentlich und im ganzen von ihr noch gar nicht angetastet und angebrochen war. Sie meinte deshalb mit großer Zuversicht, einen reputierlichen Band lyrischer Gedichte werde sie mit Gottes Hilfe, wenn sie gesund bleibe, in den nächsten Wochen leicht schreiben können. Als ich widersprach, bot sie mir eine Wette an und stieg dann gleich in ihren Turm hinauf, um sofort ans Werk zu gehen. Triumphierend las sie am Nachmittag bereits das erste Gedicht ihrer Schwester und mir vor, am folgenden Tage entstanden gar zwei, glaub' ich – meine Doktrin erhielt von nun an fast Tag für Tag ihre wohlausgemessene und verdiente Züchtigung. So entstand in weniger Monate Verlauf, in jenem Winter von 1841 bis 1842, die weitaus größte Zahl der lyrischen Poesien, welche den Band ihrer ›Gedichte‹ füllen.«[14]

Es entstand die wunderbare Sammlung der ›Heidebilder‹, eine Gruppe Balladen in Ergänzung der Rüschhauser großen Serie, Zeitgedichte, von denen ›An die Weltverbesserer‹ in mehreren Feuilletons veröffentlicht und unerwartet hoch gelobt wurde, eine große Zahl Gedichte über Meersburg und den See, über Freunde und die Beziehung zu ihnen, aber auch Humorvolles, Lustiges und Anekdotisches.

»Jeden Abend um acht, wenn wir schon alle im Speisezimmer sind, Laßberg aber noch seine Partie erst ausspielt, lese ich Jenny und Schücking vor, was ich den Tag geschrieben; sie sind beide sehr zufrieden damit, aber leider von so verschiedenem Geschmacke, daß der eine sich immer über das am meisten freut, was dem andern am wenigsten gelungen scheint, so daß sie mich ganz konfus machen könnten und ich am Ende doch meinen Geschmack als letzte Instanz entscheiden lassen muß.« (*SK II 5*)

Auch nach Schückings Abreise hielt die eruptive Produktivität noch eine Zeitlang an. Im ersten Brief an ihn, vom Anfang Mai 1842 schreibt sie:

»Den 5ten. Guten Morgen, Levin! Ich habe schon zwei Stunden wachend gelegen und in einem fort an Dich gedacht; ach, ich denke immer an Dich, immer. Doch punctum davon, ich darf und will Dich nicht weich stimmen, muß mir auch selbst Courage machen und fühle wohl, daß ich mit dem ewigen Tränenweidensäuseln sowohl meine Bestimmung verfehlen als auch Deine Teilnahme am Ende verlieren würde; denn Du bist ein hochmütiges Tier und hast einen doch nur lieb, wenn man was Tüchtiges ist und leistet. Schreib mir nur oft, mein Talent steigt und stirbt mit Deiner Liebe; was ich werde, werde ich durch Dich und um Deinetwillen; sonst wäre es mir viel lieber und bequemer, mir innerlich allein etwas vorzudichten. Sobald ich diesen Brief geschlossen, geht's con furore ans Werk; ich bin wieder in der fruchtbaren Stimmung, wo die Gedanken und Bilder mir ordentlich gegen den Hirnschädel pochen und mit Gewalt ans Licht wollen, und denke Dir die Beiträge sehr bald schicken zu können, obwohl gewiß der Psalm wieder um zwei Drittel zu lang werden wird, die Du dann mit wahrer Chirurgenkälte amputierst. Mich dünkt, könnte ich Dich alle Tage nur zwei Minuten sehn – o Gott, nur einen Augenblick! – dann würde ich jetzt singen, daß die Lachse aus dem Bodensee sprängen und die Möwen sich mir auf die Schulter setzten! Wir haben doch ein Götterleben hier geführt, trotz Deiner periodischen Brummigkeit! Ob ich Dir bös bin? Ach Du gut Kind, was habe ich schon für bittere Tränen

№ 96.

Morgenblatt

für

gebildete Leser.

Freitag, den 22. April 1842.

Then we are in order, when we are most out of order.
Shakespeare.

Die Judenbuche.

Ein Sittengemälde aus dem gebirgigten Westphalen.

Von Annette E. Freiin von Droste zu Hülshoff.

Wo ist die Hand so zart, daß ohne Irren
Sie sondern mag beschränkten Hirnes Wirren,
So fest, daß ohne Zittern sie den Stein
Mag schleudern auf ein arm verkümmert Seyn?
Wer wagt es, eitlen Blutes Drang zu messen,
Zu wägen jedes Wort, das unvergessen
In junge Brust die zähen Wurzeln trieb,
Des Vorurtheils geheimen Seelendieb?
Du Glücklicher, geboren und gehegt
Im lichten Raum, von frommer Hand gepflegt,
Leg hin die Wagschal', nimmer dir erlaubt!
Laß ruhn den Stein — er trifft dein eignes Haupt! —

Friedrich Mergel, geboren 1738, war der einzige Sohn eines sogenannten Halbmeiers oder Grundeigenthümers geringerer Klasse im Dorfe B., das, so schlecht gebaut und rauchig es seyn mag, doch das Auge jedes Reisenden fesselt durch die überaus malerische Schönheit seiner Lage in der grünen Waldschlucht eines bedeutenden und geschichtlich merkwürdigen Gebirges. Das Ländchen, dem es angehörte, war damals einer jener abgeschlossenen Erdwinkel ohne Fabriken und Handel, ohne Heerstraßen, wo noch ein fremdes Gesicht Aufsehen erregte, und eine Reise von dreißig Meilen selbst den Vornehmeren zum Ulysses seiner Gegend machte — kurz, ein Fleck, wie es deren sonst so viele in Deutschland gab, mit all den Mängeln und Tugenden, all der Originalität und Beschränktheit, wie sie nur in solchen Zuständen gedeihen. Unter höchst einfachen und häufig unzulänglichen Gesetzen waren die Begriffe der Einwohner von Recht und Unrecht einigermaßen in Verwirrung gerathen, oder vielmehr, es hatte sich neben dem gesetzlichen ein zweites Recht gebildet, ein Recht der öffentlichen Meinung, der Gewohnheit und der durch Vernachläßigung entstandenen Verjährung. Die Gutsbesitzer, denen die niedere Gerichtsbarkeit zustand, straften und belohnten nach ihrer in den meisten Fällen redlichen Einsicht; der Untergebene that, was ihm ausführbar und mit einem etwas weiten Gewissen verträglich schien, und nur dem Verlierenden fiel es zuweilen ein, in alten staubigten Urkunden nachzuschlagen. — Es ist schwer, jene Zeit unparteiisch in's Auge zu fassen; sie ist seit ihrem Verschwinden entweder hochmüthig getadelt oder albern gelobt worden, da den, der sie erlebte, zu viel theure Erinnerungen blenden und der Spätergeborene sie nicht begreift. So viel darf man indessen behaupten, daß die Form schwächer, der Kern fester, Vergehen häufiger, Gewissenlosigkeit seltener waren. Denn wer nach seiner Ueberzeugung handelt, und sey sie noch so mangelhaft,

Der Erstdruck der ›Judenbuche‹ im ›Morgenblatt‹ unter dem von Hermann Hauff gefundenen Titel. – Auf der gegenüberliegenden Seite: Erstausgabe der ›Gedichte‹, 1844. Titelblatt in Originalgröße

darüber geweint, daß ich Dir noch zuletzt so harte Dinge gesagt hatte! Und doch war viel Wahres darin. Aber *mich* vergißt Du doch nicht, was die Zeit auch daran ändern mag; wenn der eine Haken bricht, so hält der andre; Dein Mütterchen

Gedichte

von

Annette Freiin von Droste-Hülshof.

Stuttgart und Tübingen.
J. G. Cotta'scher Verlag.
1844.

bleibe ich doch, und wenn ich auch noch vierzig Jahre lebe; nicht wahr, mein Junge? mein Schulte, mein kleines Pferdchen! Was hängen alles für Erinnerungen, die nie verlöschen können, an diesen Titeln! Notabene ich habe es jetzt so eingerichtet, daß meine Briefe mir direkt aus der Küche gebracht werden. Jetzt schreib, was Du willst! Wenn es mir nicht ansteht, lasse ich es den Laßberg gar nicht erfahren, wenn ich einen Brief bekomme, und es ist schade, daß ich so bald fort muß; unsre Korrespondenz würde von jetzt an hier weit sicherer und bequemer gehen wie in Rüschhaus.« (*SK II 17f.*)

Vom 22. April bis zum 10. Mai 1842 erschien nun auch täglich im Stuttgarter ›Morgenblatt für gebildete Leser‹ ein Stück der Erzählung von dem Judenmord im Paderbörnischen. Der Herausgeber Hermann Hauff (der Bruder des Dichters) hatte der Erzählung den Novellentitel ›Die Judenbuche‹ gegeben und gleichzeitig sinnvollerweise Annettes Untertitel ›Ein Sittengemälde aus dem gebirgigten Westphalen‹ beibehalten, mit dem sie die im Text konkurrierende zweite Gattung des »tableaus« bezeichnete.[15] Schücking, dessen mit Annette zusammen geschriebene Novelle ›Der Familienschild‹ schon im Frühjahr 1841 in diesem »einflußreichsten Organ der schönen Litteratur in Deutschland«[16] erschienen war und der viele ihrer Meersburger Gedichte dorthin vermittelte, hatte auch für die ›Judenbuche‹ den Weg geebnet und damit den großen Durchbruch Annettes zum späten Ruhm ermöglicht.

Abschrift des Vertrages zwischen Annette Droste und Cotta über den Band der ›Gedichte‹ vom 3.9.1844. Aus dem Gelehrten-Copierbuch II, 4.12.1840–3.5.1848. – (Deutsches Literaturarchiv Marbach, Cotta-Archiv, Stiftung der ›Stuttgarter Zeitung‹)

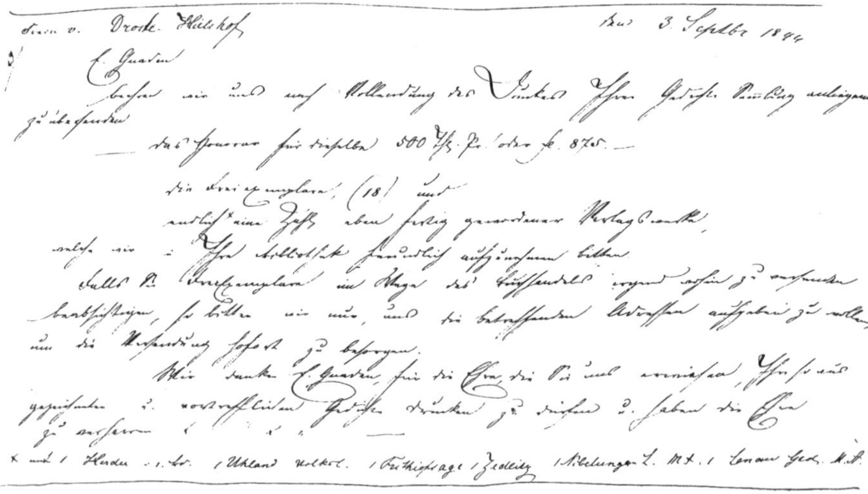

»Trockne Bohnenhülsen«: Galerie berühmter Männer

Schon in Eppishusen äußerte Annette sich »recht ungeduldig und ungezogen«, wie sie selber zugab (*SK I 171*), über die gelehrten Germanisten, die Laßberg aufsuchten, die Schätze seiner Bibliothek auswerteten und endlos mit ihm darüber diskutierten: »außer den Thurnschen Damen betritt kein Frauenzimmer dies Haus, nur Männer von *einem* Schlage, Altertümler, die in meines Schwagers muffigen Manuskripten wühlen möchten, sehr gelehrte, sehr geachtete, ja sehr berühmte Leute in ihrem Fach; aber langweilig wie der bittre Tod, schimmlig, rostig, prosaisch wie eine Pferdebürste; verhärtete Verächter aller neueren Kunst und Literatur. Mir ist zuweilen, als wandle ich zwischen trocknen Bohnenhülsen und höre nichts als das dürre Rappeln und Knistern um mich her, und solche Patrone können nicht enden; *vier* Stunden muß man mit ihnen zu Tisch sitzen und unaufhörlich wird das leere Stroh gedroschen! Nein, Schlüter, ich bin gewiß nicht unbillig und verachte keine Wissenschaft, weil sie mir fremd ist, aber dieses Feld ist zu beschränkt und abgegrast; das Distelfressen kann nicht ausbleiben.« (*SK I 170*)

Auch später sind die Urteile der Droste über die Vertreter der jungen Wissenschaft der Germanistik nicht viel schmeichelhafter: »Hier gibt's auch manches neue Gesicht und mitunter grundgelehrte, aber nicht eins darunter, wo ich die Feder um ansetzen möchte, und selbst die Namen dieser lateinischen und Nibelungen-Steckenreiter würden Ihnen fremd sein.« (*SK II 233*)

Mehrfach äußert sie sich befriedigt darüber, daß sie in einem der Rundtürme der Meersburg sitzt und droben bei Laßberg »die gelehrten Besuche [...] sich fast einander die Schuhe aus«treten; sie könne sich nachher erzählen lassen, wer dagewesen, ohne daß die versäumte Bekanntschaft ihr je leid getan hätte (*SK II 248, vgl. 514*). Eine Reihe der Besucher lernte sie jedoch kennen und zum Teil sogar hoch schätzen; bemerkenswert sind die mit Präzision und Ironie gezeichneten Porträts, mit denen sie ihre Züge festhält.

FRIEDRICH HEINRICH BOTHE (1771–1855)

Dieser Privatgelehrte, der eine Zeitlang in Konstanz wohnte, schlug sich mühsam mit Editionen und Übersetzungen griechischer und lateinischer Schriften durch, übersetzte auch aus dem Englischen, dichtete Lyrik, Romane und Dramen.[17] Bothe ist einer der »zwei halben oder ganzen Gelehrten«, die Annette im Sommer 1842 kennenlernte; sie beschreibt ihn folgendermaßen:

»Bothe, den Herausgeber vieler Klassiker, einen wunderlichen, schnauzigen, dürren, alten Kauz mit einem Stelzfuße, der nur einen Tag blieb, und den Jenny, nachdem sie ihn einen Augenblick allein gelassen, antraf, wie er mitten im Zimmer stehend sich meinen ›Grafen von Thal‹ laut vordeklamierte und ganz entzückt davon schien, worauf ihm Jenny das Buch mit nach Konstanz gab, von wo er es mit einem so begeisterten Briefe zurückgeschickt hat, daß ich eitel darauf werden könnte, wenn ich wüßte, ob der Mann Geschmack hat.« (*SK II 45*)

Nach dem Erscheinen der ›Judenbuche‹ meldete er sich: »Bothe, der bekannte Herausgeber der Klassiker, hat einen förmlich exaltierten Brief an Laßberg geschrieben, worin es fortwährend heißt: diese objektive Anschaulichkeit, diese Naivetät und Innigkeit, diese Kraft der Sprache, diese Lebendigkeit der Darstellung, fern von aller Manier et cet.« (*SK II* 77)

GEORG KARL FROMMANN (1814–1887)

Der spätere Bibliotheks- und Archivvorstand des Germanischen Nationalmuseums in Nürnberg hatte bei Gervinus zunächst in Heidelberg, dann in Göttingen studiert, wo er unter anderem die Brüder Grimm kennenlernte und mit Jacob Freundschaft schloß; die Droste kannte die Grimms noch aus ihren Jugendjahren. Frommann, Editor altdeutscher Texte und Dialektforscher, versuchte 1842 in Coburg eine Schule zu gründen, vernachlässigte dabei aber nicht seine schon früher unternommenen Reisen zu den Fundstätten alter Handschriften:[18]

»Heute mittag war ein gelehrter Herr aus Koburg hier, ein Herr Fromann, der aussieht wie ein wunderliches altes Porträt mit über den Teller geschnittenen Haaren und daumdicken Augenbrauen, sonst, wie mich dünkt, eine gutmütige harmlose gelehrte Seele. Wir haben uns mit den Nibelungen zu Tische gesetzt und sind damit aufgestanden.« (*SK II 8*)

GUIDO GÖRRES (1805–1852)

Der Sohn des berühmten katholischen Publizisten Joseph von Görres hatte sich im Gefolge seines Vaters der Schriftstellerei zugewandt und 1838 die ›Historisch-politischen Blätter für das katholische Deutschland‹ begründet, eine Zeitschrift, die sich im Sinne des Vaters Görres für die Unabhängigkeit der Kirche vom Staat, für Toleranz und ökumenische Gesinnung und gegen die »kleindeutschen« Tendenzen zur Vorherrschaft Preußens für einen nationalpolitischen Zusammenschluß der Siedlungsgebiete aller Deutschsprechenden einsetzte. Daß die ›Westfälischen Schilderungen aus einer westfälischen Feder‹

(›Bilder aus Westfalen‹) der Droste 1845 in diesem Organ erschienen, hat also durchaus eine politische Seite. Guido Görres hatte sich mit Gedichten und Legendenbearbeitungen ein frommes Publikum verschafft, denn sein romantisierender Stil war »für viele sehr ansprechend« (*SK I 546*). Im September 1844 suchte er die Droste in Meersburg auf:

»Ich habe in Meersburg noch allerlei namhafte Leute kennengelernt, unter andern Guido Görres, der mit seiner eben angetrauten Frau, einer Tochter der berühmten Metzger-Vespermann, drei Flitterwochen bei uns verlebte. *Er* hat eine ungeheure Ähnlichkeit mit meinem Onkel August Haxthausen, und zwar, auf den ersten abord, nicht von der vorteilhaftesten Seite, gewinnt aber ungemein im Umgange, wo er bedeutenden Geist nebst großer Gutmütigkeit und Offenheit entwickelt. *Sie* ist blutjung, hat la beauté du diable, und nichts Bedeutendes, aber so viel Kindliches und Neulingartiges in Physiognomie und Benehmen, daß einem dadurch alles, was sie sagt, auch das mitunter recht Gescheute, fast kindisch vorkömmt. Wir hatten Sie gern, und ihr schüchternes Gemüt hatte sich uns so angeschlossen, daß sie beim Abschiede bitterlich weinte. Seltsam macht sich zu ihrem kleinen blonden Figürchen ein ausgezeichnetes musikalisches Talent; sie spielt nicht nur *süperb* Klavier, sondern phantasiert auch ganz hinreißend und war eben daran, eine Sammlung sehr schöner Liederkompositionen auf Texte ihres Mannes herauszugeben. Sie arbeiten überhaupt gern gemeinschaftlich; Görres machte ein Gedicht auf die alte Meersburg, und nach einer halben Stunde war ihre Komposition mit Klavierbegleitung fertig; zu einem Gedichte, das er mir niederschrieb, setzte sie sogar in einem Morgen die durch alle Strophen gehende Musik. Es ist sonderbar, daß unter allen Talenten grade die Musik, das zarteste und unkörperlichste von allen, sich häufig bei scheinbar unbedeutenden Persönlichkeiten einquartiert; denn so lieb und gut die Görres ist, kann ich sie doch unmöglich für durchgängig genial halten.« (*SK II 334f.*)[19]

FRANZ PFEIFFER (1815–1868)

Der später berühmte Germanist Schweizer Herkunft wurde zu Annettes Zeit vor allem durch die Edition der Weingartner und Heidelberger Liederhandschrift (1843) bekannt.[20] Als die Droste im Sommer 1842 über das Württembergische nach Westfalen zurückreiste, suchte Pfeiffer sie in Stuttgart auf, »nachdem er sich vorher durch Schott die Erlaubnis dazu erbeten« hatte (*SK II 78*); Grund war sicher die Verehrung, die er der durch die ›Judenbuche‹ plötzlich berühmt gewordenen Dichterin ausdrücken wollte. Die Freundin Elise Rüdiger lernte ihn 1843 ebenfalls kennen, und zwar nicht als den in Verehrung

Von links oben nach rechts unten: Franz Pfeiffer (Lithographie von Th. Russer), Joseph von Laßberg (Lithographie von J. Bauer), Gustav Schwab (Tonätzung), Justinus Kerner (Stahlstich von G. Alboth), Ludwig Uhland (Lithographie von Th. Russer), Feodor Löwe (Photographie von G.F. Krauss)

ersterbenden, als der er der Droste entgegengetreten war: »Den Pfeiffer mir als Satiriker vorzustellen, geht über meine Phantasie hinaus, ich kenne ihn schüchtern wie ein Espenblatt, kann mir aber denken, daß eine heitre Laune seinem ehrlichen Gesichte sehr gut steht.« (*SK II 233*)

HERMANN REUCHLIN (1810–1873)

Der protestantische Theologe hatte sich vor seiner Bestallung als Pfarrer längere Zeit in Paris aufgehalten; er spezialisierte sich auf die ›Geschichte von Port-Royal‹, die 1839–1844 in zwei Bänden erschien, und schrieb im gleichen Zusammenhang ›Pascals Leben und der Geist seiner Schriften‹ (1840). Annette und Schücking lernten ihn im Winter 1841/42 in Meersburg kennen:

»dann war neulich Reuchlin aus Lindau hier, ein ebenfalls berühmter, sehr lebhafter und interessanter Mann, zwar nur protestantischer Pfarrer in Lindau, aber bekannt und angesehn im markgräflichen Hause zu Salmansweiler[21]; er war nur auf einen Nachmittag da, will aber öfter wiederkommen.« (*SK II 6*)

Reuchlin wurde noch 1842 nach Pfrondorf bei Tübingen versetzt, wo er als Pfarrer amtete, bis er sich 1857 als freier Schriftsteller in Stuttgart niederließ. Als Annette im August 1842 mit zwei Damen, Rosine und Anna von Wintgen, die in Meersburg zu Besuch gewesen waren, nach abschließendem Besuch des Rheinfalls mit der Schnellpost über Stuttgart nach Westfalen reiste, meldete sich Reuchlin zu früher Morgenstunde, nachdem die Damen von Schaffhausen her einen ganzen Tag und fast die ganze Nacht in der rüttelnden Postkutsche unterwegs gewesen waren:

»Sonntagmorgen um halb fünf waren wir in Tübingen, hier wurde uns beim Umspannen ein Billett in den Wagen gereicht vom protestantischen Pfarrer Reuchlin, einem Freunde Laßbergs, früher unser Nachbar in Friedrichshafen und jetzt seit einigen Wochen als Pfarrer nah bei Tübingen versetzt, einem sehr gelehrten Herrn, von dem ein historisches Werk, ›Port royal‹ betitelt, jetzt großes Aufsehen macht. In dem Billette stand, da er sich die Freude nicht versagen könne, mir Lebewohl zu sagen, so würden wir ihn am nächsten Berge finden. Das war ein Pläsier für Rosine! die durch Laßberg, der ihn sehr lieb hat, schon soviel Rühmliches von ihm gehört hatte. Sie hielt immer den Kopf zum Wagen hinaus, daß ihr der Regen in den Nacken lief – richtig! Da stand er, den Regenschirm über dem Kopfe, stieg ein und fuhr wohl eine Stunde weit mit, von wo er dann eiligst auf einem Richtwege seinem Dorfe zutrabte und meine Reisegefährtinnen in Exklamationen über sein bescheidenes Wesen und seine geistreiche Unterhaltung zurückließ.« (*SK II 48*)

Reuchlins Eile, mit der er seinem Dorfe wieder zustrebte, war dadurch bedingt, daß er »noch um neun predigen sollte« (*SK II 84*). Munterkeit, Kraft, Weltoffenheit war jedenfalls der Eindruck, den Reuchlin bei Annette hinterließ; sie wollte deshalb der Freundin Elise Rüdiger nicht so recht glauben, als diese von Reuchlin zu berichten wußte, er sei Pietist, was damals einen Geschmack von bigotter selbstgerechter Frömmelei und ultrakonservativer Gesinnung hatte – man wußte ja wie schon im 18. Jh. kaum zu differenzieren zwischen den verschiedenen Richtungen des Pietismus, der z.B. im Schwäbischen die progressivsten sozialpolitischen Maßnahmen durchzusetzen suchte. Annette kann sich's nicht vorstellen:

»Aber was sagen Sie von meinem lieben Reuchlin? Ein Pietist soll er sein? Bei Gott ist kein Ding unmöglich, außer daß sich einer selbst die Nase abbisse, aber sonst hätte ich eher das Gegenteil befürchtet, sein Äußeres ist so fröhlich, rasch, entschlossen, seine Unterhaltung so heiter, kunstliebend, mittelalterlich, daß ich immer dachte, Helm und Speer würden ihm besser stehn wie der schwarze Rock. Ich habe ihm leider noch nicht geschrieben, will aber nächstens daran«. (*SK II 111*)

ALBERT SCHOTT (1809–1847)

Der Stuttgarter Gymnasialprofessor war Sohn des großen Mitstreiters von Ludwig Uhland um das »alte Recht«, d.h. um die liberale demokratische Verfassung Württembergs, die ihre Wurzeln in der im 16. Jahrhundert gegen die Herzöge von Württemberg erfochtenen Ständeverfassung des Landes hatte. Das Haus des Rechtsanwalts und Prokurators Schott (1782–1861) in Stuttgart war lange Jahre hindurch Zentrum der württembergischen Fortschrittsbewegung.[22] Uhland zog für seine Arbeiten zur Sage und zum Volkslied den jungen Albert Schott als Gehilfen heran; die Droste lernte ihn im Sommer 1842 kennen, als er für einen längeren Aufenthalt auf die Meersburg kam, »um allerlei Exzerpte für irgendein Werk, was er unter der Feder hat, zu machen. Er ist noch jung, oder scheint es, hat ein feines, blondes, kränkliches Aussehn, ist im Umgang etwas überzart, aber gemütlich und spricht vorzüglich gern von seiner jungen Frau und seinen drei Kinderchen, was mir bei meiner Denkweise natürlich einen sehr angenehmen Eindruck macht und mich auf recht freundlichen Fuß zu ihm gestellt hat. Er ist ein großer Verehrer Freiligraths und der beste Freund Reuchlins.« (*SK II 45*)

»Schott wurde bald auf die Volksliedkenntnisse der Droste aufmerksam. Er berichtete am 20. August 1842 an Uhland, daß sie die Lieder ›gern und auf ansprechende, natürliche Weise mit Clavierbegleitung vorträgt‹, und ihm kam der

Gedanke, diese Kenntnis für die in Vorbereitung befindliche Volksliedsammlung seines Lehrers nutzbar zu machen. Die Droste durfte seine Bitte um so weniger abschlagen, als sie damit zugleich ihrem Gastgeber Laßberg einen Gefallen tun konnte, der mit Uhland eng befreundet war. So entstand eine Niederschrift von insgesamt 38 Volksliedern, davon vier ohne Melodien, wobei die Droste alle Melodien und die Texte zu sechs Liedern, Schott die restlichen Texte notierte. Eine erneute Abschrift der Texte ging am 13. November 1842 an Uhland, der drei Stücke zusammen mit einer Dankesbemerkung an die Beiträgerin in seine Sammlung hoch- und niederdeutscher Volkslieder aufnahm.«[23] Auf der Heimreise 1842, die schon durch das Zusteigen Reuchlins so denkwürdig war, machte man auch bei Schott einen Besuch:

»In Stuttgart kamen wir um zehn an, wo uns Albert Schott, den die W[intgen]s zu Meersburg hatten kennengelernt, am Wagen empfing und uns sagte, daß seine Frau das Essen für uns bereits über dem Feuer habe, ferner der Professor Steele uns um drei auf dem Museum erwarte. Das war mehr Ehre als Vergnügen, denn wir waren todmüde und mußten die folgende Nacht wieder durchfahren. Es ging aber nicht anders, Schott war zu wenig reich und seine Haushaltung zu klein, als daß wir ihn hätten mit seinen Anstalten dürfen sitzen lassen. Zuerst ging es also in die Kirche, dann ich vorerst allein zu Schotts. Auf der Türschwelle saßen zwei allerliebste kleine Mädchen, wovon das eine gerade ganz betrübt zum andern sagte: ›Die fremde Frau kömmt gar nicht, und wir müssen hier immer sitzen!‹ Wie lustig sprangen sie voran, als sie hörten, daß ich die fremde Frau wäre! Der Mittag war angenehm, das Diner gar nicht überladen, sondern ganz häuslich. Schotts Frau überaus angenehm und hat mich an meine liebe Male erinnert, kein Fremder da außer einem Freund Laßbergs, Gustav Pfeiffer. Nach Tisch besahen wir das Museum, dann Kaffee bei Schotts, dann in die Anlagen und um neun wieder auf die Schnellpost, ohne uns ausgeruht zu haben. Es ging eben nicht anders. Am anderen Morgen um elf waren wir in Heidelberg, stiegen gleich am Eisenbahnbüro ab, fuhren mit diesem heulenden Ungeheuer in einer halben Stunde die sechs Stunden nach Mannheim, von dort gleich aufs Dampfboot, was uns abends endlich nach Mainz und dort nach zwei Nächten zuerst wieder in ein Bett brachte.« (*SK II 48f.*)

LUDWIG UHLAND (1787–1862)

Die indirekte Beziehung, die die Droste zu dem Dichter, Politiker und Altertumsforscher schon in Eppishusen aufnahm und die ihre Balladendichtung so nachhaltig beeinflußt hat, ist schon erwähnt worden. Im Oktober 1841 lernte sie ihn persönlich auf der Meersburg kennen – »Gott, was ist das für ein gutes, schüchternes Männchen!« (*SK I 557*) –; besonders hübsch ist das Porträt, das sie Elise Rüdiger von ihm zeichnete:

»… und nun zu Uhland, dessen Äußeres keineswegs vorteilhaft ist, und der doch gefällt, wiederum durch große Bescheidenheit, Einfachheit und einen überwiegenden Zug von Güte, sonst ist er häßlich, seine Gestalt stämmig, fast gemein, feuerrotes Gesicht, und dazu stammelt er, was ihn so verlegen macht, daß er zuweilen aus Angst von einem Fuße auf den andern springt, aber plötzlich fährt ein geistiges Blitzen über sein Gesicht oder ein unbeschreiblicher Zug von Milde und Teilnahme, daß man ihm gern die Hand drücken möchte, wenn man nicht dächte, es bringe ihn in die größte Verlegenheit. Er und Laßberg haben sich sehr lieb, und beide sprangen (da Laßberg seit seinem Falle vor fünf Jahren hinkt) auf die komischeste Weise vor Freude im Zimmer umher, als sie sich begrüßten, dann ging es bald an gelehrte Gespräche, in die Bibliothek et cet., und wir Frauenzimmer kamen gar nicht in Betracht, hatten aber doch mitunter das Zuhören.« (*SK I 567*)

Eine peinlich-komische Situation entstand für die Droste nach Schückings Abreise von der Meersburg, als Schücking im ›Morgenblatt für gebildete Leser‹ sein Gedicht auf die Meersburg drucken ließ, jedoch ohne die Passage, in der Laßberg und Uhland erwähnt gewesen waren:

»Ich gehe jetzt täglich ins Museum, setze mich auf Deinen Stuhl am Fenster und sehe, was das ›Morgenblatt‹ bringt. Vorgefunden: erstens Dein Gedicht auf die Meersburg, was mir aber schon eine schöne Verlegenheit zugezogen hat, und zwar eine wohlverdiente, da die Idee, den guten Laßberg nebst Uhland auszumerzen zwar nicht von mir ausgegangen, aber doch approbiert worden ist; und jetzt fiel es mir wie ein Stein aufs Herz: Gott, das sieht ja ganz aus, als ob Levin sich öffentlich seiner schämte, als zu unbedeutend für ein Gedicht; und nun grade im ›Morgenblatt‹, das Laßberg gleich vor Augen kömmt! Es währte auch nicht lange, so waren die Puppen am Tanz; von allen Seiten wurde dem alten Herrn die schmeichelhafte Nachricht von Levin Schückings schönem Gedicht auf seine Dagobertsburg zugetragen, schriftlich und mündlich; Pfeiffer, Baumbach, Stanz, die Meersburger Honoratioren: jeder wollte ihn zuerst darüber bekomplimentieren, und ich wußte mir nicht anders zu helfen, als indem ich gestand, es gelesen und von der Redaktion des ›Morgenblattes‹ – die ja auch von Deinem ›Jagdstreit‹ über die Hälfte eigenmächtig gestrichen – auf eine Weise verkürzt gefunden zu haben, daß alle Strophen, die sich nicht auf das bloß Landschaftliche und Historische bezogen, ausgelassen worden. Der arme Laßberg, der so kindisch froh war, sich vor aller Welt besungen zu sehn, daß er mich fast aus dem Bette ins Museum gejagt hätte, um das ›Blatt seiner Glorie‹ zu holen, war, wie mir schien, fast dem Weinen nah, als er dies hörte, und sagte mit der kläglichsten Stimme von der Welt: ›Wenn auf diese Art vielleicht Uhland und ich auch ausgemerzt sein sollten, so sollte mich das sehr freuen; denn ich mag nicht, daß man von mir spricht.‹ Er dauerte mich ordentlich, aber ich glaube nicht, daß er Verdacht auf Deine eigne lieblose Hand hát; Jenny ebensowenig, die auch ganz grimmig auf die perfide Redaktion ist; ich weiß aber auch wirklich nicht, wo wir beide unsre Gedanken gehabt haben, da wir doch Laßberg so gut kannten und dies alles an den Fingern abzählen konnten. Um desto nötiger ist es, daß Du ihm jetzt gleich schreibst, und zwar recht herzlich. Das menschliche Gefühl geht wunderliche Wege! Laßberg fühlt sich aus Veranlassung Deines Gedichts geärgert und gleichsam beleidigt, und ich meine, davon wird immer ein kleiner Schatten auf Dich zurückfallen, wenn Du dem nicht durch einen Beweis Deiner Hochachtung und anhänglicher Erinnerung zuvorkömmst. Am besten wäre es, wenn Du das Gedicht *in seiner ersten Gestalt* noch einem andern Blatte, was Laßberg vor Augen oder wenigstens nach Meersburg kömmt, z. B. dem Unterhaltungsblatt des ›Merkur‹ oder der ›Didaskalia‹, gäbst; dann wäre das Unglück ziemlich repariert und allem etwa nachträglichen Verdachte vorgebeugt.« (*SK II 14f.*)

IGNAZ HEINRICH VON WESSENBERG (1774–1860)

Der berühmte kirchenpolitische und pädagogische Reformer, Generalvikar und Bistumsverweser in Konstanz bis zu seiner erzwungenen Resignation 1827 war nicht nur ein streitbarer und seiner Zeit weit vorausdenkender Schriftsteller, sondern auch ein Lyriker in allen Sparten der Kunst. »1834 brachte Cotta, der bedeutendste Verleger des 19. Jahrhunderts, Wessenbergs gesammelte Dichtungen in 4 Bänden heraus und komplettierte diese Ausgabe bis 1854 auf 7 Bände.«[24] Die Gedichte waren wohlgeformt, sprachschön, aber im Stile der Spätaufklärung geschrieben und bei ihrem Erscheinen ein halbes Jahrhundert überaltert:

> Euch grüß' ich, Uferfächer
> Des Bodensees, entzückt.
> Wie einen Freudenbecher
> Hat euch Natur geschmückt.
> Gleich Hesperiden blühend,
> Lacht euer Zauberkreis,
> Im Schmelz der Farben glühend
> Die Stirn' im Gletschereis.[25]

So konnte Wessenberg sicher mit den Gedichten der Droste, wenn er denn 1842 schon eins in den literarischen Zeitschriften (z.B. den ›Knaben im Moor‹ im ›Morgenblatt‹ vom 16. Februar 1842) gelesen hatte, nicht viel anfangen. Auch über den sittenverderbenden Einfluß der Romane wegen der identifikatorischen Lektüreweise des allgemeinen Publikums hatte er sich geäußert[26]; so wird ihn an Drostes ›Judenbuche‹ zwar der Aspekt des »Sittengemäldes«, weniger jedoch die spannende Kriminalgeschichte überzeugt haben. Dennoch reiste er, wie er Laßberg schrieb, eigens wegen der Droste nach Meersburg (*SK II* 77), um die Dichterin persönlich kennenzulernen. Die Unterhaltung blieb jedoch wegen des angedeuteten Geschmacksunterschieds arg mühsam:

»Ich habe Dir schon gesagt, daß Wessenberg hier war. Seine Persönlichkeit ist *jetzt* weder angenehm noch bedeutend; indessen habe ich ihn zu spät kennengelernt, da er offenbar schon sehr stumpf ist. Man sagt, er behandle Frauen gewöhnlich mit großer Geringschätzung und fast wie unmündige Kinder; mit mir hat er aber eine ehrenvolle Ausnahme gemacht, und nachdem er mir schon durch Baumbach viel Verbindliches über meine Gedichte und den Wunsch, meine Bekanntschaft zu machen, hatte zukommen lassen, trat er mir jetzt ziemlich taktlos und geziert mit den Worten entgegen: ›Sie sind also die Dichterin! Wahrlich, Sie haben eine herrliche Ader, von seltner Kraft! et cet.‹, und Du glaubst nicht, mit welcher koketten, kleinlichen Ostentation er mich den übrigen Tag, halb protegierend, halb huldigend, zu unterhalten suchte, was ihm offenbar bitter schwer wurde; denn er muß jeden fremden Gedanken einige Minuten verarbeiten, ehe er ihn kapiert, und kömmt dann hintennach mit seinem schallenden Beifalle, wenn längst von anderm die Rede ist. Zudem scheint er mir unbegrenzt eitel; jede Miene, jede Kopfbewegung hat etwas Gnädiges; sein Gespräch ist durchspickt mit Hindeutungen auf seine literarische und kirchliche Stellung, erlebten Verfolgungen et cet., und er bringt, passend oder unpassend, überall ›seinen intimen Freund, den Erzbischof Spiegel‹, an, dem er sich auch so genau im Äußern nachgebildet hat, daß die Ähnlichkeit wirklich frappant ist, nur daß der angeborne unnachahmlich schlaue Blick in jenes Gesichte in diesem sich fast lächerlich ausnimmt, weil die natürlichen Züge dagegen protestieren. Kurz, ich meine, diese große Eitelkeit und die allzeit damit verbundene Kleinlichkeit und Schwäche müssen Wessenbergs Bedeutendheit doch immer sehr geschadet haben, und ich kann mich, seit ich ihn gesehen, nicht enthalten, weit mehr *diese* für das Motiv seiner auffallenden Schritte zu halten als irgend etwas anderes. Er hat mich bei meiner nächsten Fahrt nach Konstanz aufs höflichste zu Tische geladen; ich werde aber wohl keinen Gebrauch davon machen. Und doch – soll ich es gestehn? – doch habe ich mich bemüht, liebenswürdig und geistreich vor ihm zu erscheinen, des Rufes wegen, den er nun einmal hat. So sind wir Menschen; wir lassen uns auch eine papierne Krone gefallen, wenn wir wissen, daß andere sie für Gold halten.« (*SK II 18f.*)

SCHWÄBISCHE SCHULE

War die Droste schon erfreut über die von Schücking vermittelte Veröffentlichung ihrer Arbeiten im Cotta'schen ›Morgenblatt für gebildete Leser‹, dem damals angesehensten Literaturorgan im deutschsprachigen Raum, so konnte sie sich nicht genug wundern über die Angebote der Verleger, die ihr einerseits aus Dresden hohe Honorare versprachen (*SK II 183*), andererseits wie Cotta für ihre Dichtungen mehr bezahlten als anderen berühmten Autoren, während man sie in Westfalen kaum zur Kenntnis nahm:

»Es ist seltsam, wie man an einem Orte hier in Oberdeutschland, Sachsen et cet., so gut angesehn und zugleich an einem andern (Westfalen) durchgängig schlimmer als übersehen sein kann! Ich muß mich, mehr als ich es selber weiß, der schwäbischen Schule zuneigen.« (*SK II 323*)

Dieser Begriff, 1844 benutzt, war nicht etwa bloß eine Bezeichnung der Zugehörigkeit zu einer literarischen Gruppierung, ihren Themen und ihrem Stil, sondern ein politischer Kampfbegriff, den die Droste, mindestens durch Schücking stets über die politisch-literarischen Fehden der Zeit auf dem laufenden gehalten, mit vollem Bewußtsein seiner Implikate verwendete. Spektakulär benutzt hatte ihn Heinrich Heine[27] in seinen Angriffen gegen Wolfgang Menzel, den Redakteur des ›Literatur-Blatts‹ beim ›Morgenblatt‹ vom September 1835 bis zum Frühjahr 1836, der jene Angriffe gegen Gutzkow, Heine, Laube, Wienbarg und andere »Tendenzschriftsteller«, Religions- und Sittenverderber der Zeit gestartet hatte, die zum Eingreifen der Regierungen gegen das »Junge Deutschland«, zur Exilierung und zum finanziellen Ruin dieser Schriftsteller geführt hatte. In seiner Vorrede zum dritten Teil des ›Salons‹, die nicht durch die Zensur kam und die Heine deshalb unter dem Titel ›Über den Denunzianten‹ 1837 gesondert drucken ließ, schrieb Heine:

»Die Zeit der Gedichte ist überhaupt bei mir zu Ende, ich kann wahrhaftig kein gutes Gedicht mehr zu Tage fördern, und die Kleindichter in Schwaben, statt mir zu grollen, sollten sie mich vielmehr brüderlichst in ihre Schule aufnehmen ... Das wird auch wohl das Ende des Spaßes sein, daß ich in der schwäbischen Dichterschule, mit Fallhütchen auf dem Kopf, neben den andern auf das kleine Bänkchen zu sitzen komme und das schöne Wetter besinge, die Frühlingssonne, die Maienwonne, die Gelbveigelein und die Quetschenbäume.«[28]

Zu den Dichtern der schwäbischen Schule – Gustav Schwab, Justinus Kerner, Eduard Mörike, Gustav Pfizer, den frühen Uhland zählt Heine im ›Schwabenspiegel‹ auf – rechnet er noch zwei ausländische »Acquisitionen«, nämlich den Ungarn Lenau und den Schlesier Menzel, den er fälschlich als Kaschuben bezeichnet und um dessentwillen sich stellvertretend auch die Dichter beschimpfen lassen mußten. Die Invektive richtet sich gegen konservative Gesinnung, die christlich-national-romantische Wertewelt, die lokalhistorischen Stoffe und die Vorliebe für das Naturdetail, ein biedermeierliches Syndrom, das die politische Restauration der Regierungen unterstützte, in deren Namen Menzel auftrat (obwohl er wahrscheinlich nur die drohende Konkurrenz eines von Gutzkow geplanten Literaturblattes ausschalten wollte).

Hält man die genannten Angriffspunkte Heines mit der Lyrik der Droste zusammen, so zeigen sich tatsächlich einige Ähnlichkeiten, die sie selbst zu der verwunderten Feststellung ihrer Nähe zur schwäbischen Schule veranlassen mochten, mit der sie sich ihre Beliebtheit vor allem im süddeutschen Raum erklärte. Kortländer hat darauf hingewiesen, daß Cottas Gründe für das hohe Honorar »in ihrer Verwandtschaft mit Laßberg, in Schückings recht geschickter Verhandlungsführung und schließlich auch in einer gewissen Vorliebe Cottas für adelige Autoren zu suchen« seien[29], aber der Eindruck der Droste, im süddeutschen Publikum auf besonders große Resonanz rechnen zu können, ist unleugbar zutreffend und geht wohl auf die Lesegewohnheiten zurück, die die »schwäbische Dichterschule« im Publikum erzeugt hatte.

Daß die Droste ihre Balladendichtung auf den von Uhland begründeten Typus der historischen Ballade mit dem in der Lokalgeschichte oder Lokalsage wurzelnden Stoffe noch in Eppishusen umgestellt hat, wurde erwähnt.[30] Es ist auch nicht zu leugnen, daß die präzise, liebevolle Betrachtung der Natur, die bei der Droste erstmals in den ›Heidebildern‹ voll ausgebaut ist, in jenem denkwürdigen Winter 1841/42 in Meersburg zum Gegenstand ihrer Dichtung wurde – so wie sie der schwäbischen Lokalballade die westfälische entgegensetzte, so nun die Bilder der Heidelandschaft konkurrierend der schwäbischen Naturdichtung, die von Heine so bitterbös abqualifiziert wurde. Karl Mayer, so hatte der geschrieben, »ist eine matte Fliege und besingt Maikäfer«. Von Mörike sage man ihm, »er besinge nicht bloß Maikäfer, sondern sogar Lerchen und Wachteln, was gewiß sehr löblich ist. Lerchen und Wachteln sind wahrhaftig wert, daß man sie besinge, nämlich wenn sie gebraten sind«.[31]

Clemens Heselhaus hat schon 1959 auf einen Fund im Meersburger Nachlaß aufmerksam gemacht, der die Beziehung der Droste zu Mörike beleuchtet, nämlich ein Manuskriptblatt mit der Notiz: »Eduard Mörike und Feodor Löwe gute Gedichte.« Er nimmt mit guten Gründen an, daß die Notiz der Droste sich auf Veröffentlichungen von Gedichten Mörikes und Löwes im Jahrgang 1842 des ›Morgenblattes‹ bezieht. Mörikes ›Auf eine Christblume‹ und ›Waldplage‹ (wie auch Löwes ›Auf der Jagd‹) könnten ihr Echo bei der Droste finden, deren ›Heidebilder‹ gerade in dieser Zeit entstanden sind.[32] Weniger wichtig sind nach meiner Auffassung irgendwelche direkten Übernahmen von Formulierungen oder Bildern, sondern die Haltung, die Zuwendung zum Ding, die meditative Austiefung des Beobachteten, seine Umgebung mit einer »mystischen Glorie«, die die Droste hier ansprachen und vielleicht anregten, zumindest bestärkten. Daß sie stilistisch ganz andere Wege ging und deshalb auch z.B. wegen ihrer Unverständlichkeit kritisiert wurde[33], zeigt deutlich, daß man der »schwäbischen Schule« in manchem zuneigen konnte, ohne von ihr vereinnahmt zu werden oder sich ihr anzuschließen.[34]

Persönlich kannte die Droste Uhland und Gustav Schwab.[35] Der letztere war zehn Jahre hindurch Redakteur für den poetischen Teil des ›Morgenblattes‹ und in dieser Funktion entscheidend für die Veröffentlichung Drostescher Texte in dem berühmten Organ bis zu seinem Austritt 1837 (vgl. *SK I 131*); später, für die ›Judenbuche‹ war es Hermann Hauff (1800–1865), der nach Wilhelm Hauffs Tode 1827 die Redaktion des ›Morgenblattes‹ übernahm und sie fast vierzig Jahre lang führte. Arbeitskontakt hatte die Droste über Schücking mit Ludwig Amandus Bauer (1803–1846), dem Studienfreund Mörikes und Waiblingers, der ein großes Sammelwerk ›Das malerische und romantische Deutschland im 19. Jahrhundert‹ plante, für das Schücking noch in Meersburg den Westfalen betreffenden Teil übernommen hatte (*SK II 86*). Daß Schücking sie nicht nur bei ihren Verwandten auf Materialsuche schickte (*SK II 69*, *86*), sondern am Schreiben selbst beteiligen wollte, bestätigt sie: »Weiß der Henker, was Du für eine inspirierende Macht über mich hast; seit ich bei diesem Briefe sitze, brennt's mir ordentlich in den Fingern, sobald das Siegel darauf ist, wie eine hungrige Löwin über die mir zugewiesenen Stoffe – ›Deutschland im 19ten Jahrhundert‹ – herzufallen« (*SK II 15*). Walter Huge hat herausgearbeitet, daß die 1845 erschienene Sammlung ›Westfälische Schilderungen‹ im Zusammenhang dieses von Bauer dann nicht mehr verwirklichten Projekts entstanden ist und Annettes mögliche Beiträge zu Schückings Aufsatz enthält; der sollte nach Bauers Vorgaben eine »Masse von Gegenständen, Landschaft, Volkscharakter, Sitten, Gewerbe, Statistisches, Regierungsform et cet., auch Sagen und Volksaberglauben, kurz alles mögliche« enthalten (*SK II 86f.*).[36]

Noch eine weitere bemerkenswerte Beziehung verband die Vorlieben der Droste und der Protagonisten der »schwäbischen Schule«: der erst 1843 verstorbene Hölderlin. Der kranke Dichter und die Pflege seines Werkes war ein Anliegen Gustav Schwabs und seines Sohnes Christoph Theodor, vor allem auch von Waiblinger, Mörike und Kerner, der ihn als Student in der Psychiatrie betreut hatte. Die erste Ausgabe von Hölderlins Werken entstand in diesem Freundeskreis. Die Droste schreibt über ihren langjährigen Münsteraner Freund, den genialischen Dichter Junkmann: »Menzel hat ihn bei der ersten Auflage mit Hölderlin verglichen und sagt: ›Hat es je einen Dichter gegeben, der fühlte, was er schrieb, so muß es dieser Junk[mann] sein!‹« (*SK II 320*) Das zeugt, in der selbstverständlichen Nennung Hölderlins, von einer Kenntnis seines Werks, die sie auch bei ihrem gelehrten Onkel August von Haxthausen voraussetzt. Hölderlin galt den Zeitgenossen als schwierig und dunkel; auch Junkmanns Gedichte beschreibt Annette als »sehr tief und originell, nur mitunter etwas dunkel« *(ebd.)*. Nicht mehr als eine Vermutung möchte ich aus dieser Beziehung ableiten, allerdings eine naheliegende, plausible und m.E. interessante: daß das eigene Stilideal der Droste, in dem sich ebenfalls Originalität, Tiefe und manchmal bewußt erzeugte Dunkelheit verbanden, auch an den Dichtungen Hölderlins gebildet und geschult war.

Unermüdlicher Beförderer all dieser Beziehungen war Annettes Schwager, der Freiherr Joseph von Laßberg. Dieser, »selbst glühender schwäbischer Patriot, war in Schwaben eine bekannte Figur und stand in Kontakt zu einer Reihe von führenden Köpfen des Landes, zumindest der älteren Generation«.[37] Im Zusammenhang mit den Schriftstellern in Annettes literarischer Umgebung in Süddeutschland bestand immer wieder Anlaß, auf die Vermittlung Laßbergs hinzuweisen, sei es durch die alte Dagobertsburg und die in ihr gehorteten Handschriften-Schätze, zu denen die Gelehrten strömten, sei es durch die patriotischen Kontakte, die er mit den schwäbischen Kämpfern für das »alte Recht« pflegte. Sie alle waren Literaten und eiferten dem großen Vorbild Uhland nach, dem sogar Heine als Politiker die größte Anerkennung zollt; so konnte es nicht ausbleiben, daß die Droste dieser schwäbischen Schule mehr zuneigte, als sie selber wußte, zumal sich trotz ihres Katholizismus und ihrer Zugehörigkeit zum Adel im Wertekonservatismus und in der parlamentarischen regionalistischen Gesinnung bemerkenswerte Gleichklänge mit den »liberal-konservativen« schwäbischen Bürgersöhnen ergaben. Nur ein Beispiel, aus dem Brief mit ihrer Reflexion auf die Zuneigung zur »schwäbischen Schule«:

»Man ist jetzt am Regulieren der Jagdgerechtigkeiten, und Wernern stehen die Haare zu Berge vor Wichtigkeit. Das ist alles ganz gut, man soll sich nichts nehmen lassen, aber ich wollte, die Herren dächten auch zuweilen an allgemeinere Landesinteressen. Es empört den Bürger- und Bauernstand, daß sie auf den

Joseph Freiherr von Laßberg. Ältere Photographie, rückseitig beschriftet, »gen. Sepp von Eppishusen im Thurgau«. Stadtarchiv Meersburg (10.1.78)

letzten Landtagen nichts als ihre Jagdgeschichten haben zur Sprache kommen lassen, weder Schulen, Pfarreien noch sonstiges. Werner wird das nicht gewahr, da er nur mit dem Adel umgeht, aber ich höre es desto öfterer. Das schlimmste ist, man findet dies Benehmen nicht nur ungerecht, man findet es höchst borniert, und die aus dem zweiten Stande nach Berlin versetzten Angestellten, die mitunter doch Einfluß erlangen, bringen eine miserable Idee von der Fähigkeit unseres Adels mit, so wird der König uns am Ende nicht halten, wenigstens nicht im Staatsdienst nach Wunsch befördern können.« (*SK II 324f.*)

Scherenschnitt von Annette von Droste-Hülshoff, Jagdszene. Droste-Museum Meersburg

Obwohl sie es sich kaum anmerken läßt, wenigstens für unser Gehör, das auf die feinen Nuancen der Stilvielfalt des 19. Jahrhunderts nicht mehr geeicht ist und sich der verstaubten Größen des damaligen Tages nicht mehr erinnert: die Droste war außerordentlich belesen[38] und bildete sich sehr genaue Meinungen darüber, was Mode und, meist im Gegensatz dazu, gute Dichtung war.

Ein Gedicht Schückings lobt sie als *»sehr schön«*, als »eins Ihrer allerbesten [...]; da ist mal *Leben und Feuer* darin!« (*SK II 283*) Mit diesem Lob macht sie in unbekümmerter Härte die übrigen Gedichte Schückings als kalt und matt herunter.

Bei der Prosa hielt sie es mit Heine, der über »gute Prosa« schreibt: »Da man aber in der Prosa nicht ausreicht mit dem schönen Wetter, Frühlingssonne, Maienwonne, Gelbveiglein und Quetschenbäumen, so mußte ich auch für die neue Form einen neuen Stoff suchen; dadurch geriet ich auf die unglückliche Idee, mich mit Ideen zu beschäftigen, und ich dachte nach über die innere Bedeutung der Erscheinungen, über die letzten Gründe der Dinge, über die Bestimmung des Menschengeschlechts, über die Mittel, wie man die Leute besser und glücklicher machen kann, u.s.w. Die Begeisterung, die ich von Natur für diese Stoffe empfand, erleichterte mir ihre Behandlung, und ich konnte bald in einer äußerst schönen, vortrefflichen Prosa meine Gedanken darstellen ...«[39] Im Blick auf Ferdinand Freiligrath, der von allen Seiten angegriffen wurde, schrieb die Droste: »Vom bloßen Dichten kann auf die Dauer niemand leben, zur Prosa gehören Vielseitigkeit, natürlicher Stil und Kenntnisse, drei Dinge, die Fr. alle gleich sehr fehlen« (*SK II 355*). Sie selber baute ja ihre Prosatexte, z.B. die ›Judenbuche‹, ›Bei uns zu Lande auf dem Lande‹, ›Westfälische Schilderungen‹, auf umfänglichen Recherchen und Materialsammlungen auf; der letztgenannte Text ist, wenn man so will, nur die in ansprechende Form gebrachte Materialsammlung zu einem umfänglicheren Werke.

Den literarischen Markt beobachtete sie genau und analysierte seine deformierende Wirkung auf Werk und Persönlichkeit derer, die sich darin behaupten wollten, mit unglaublicher Schärfe und sozialpsychologischer Genauigkeit.[40] Vom zyklischen Umschwung des Modegeschmacks hatte sie eine genaue Vorstellung:

»Ob mein Urteil mit dem allgemeinen übereinstimmt, weiß ich freilich nicht, da ich zu wenig Neues lese, um genau zu wissen, bis zu welchem Punkte der gegenwärtige Geschmack seinen Zyklus durchlaufen hat; seine nächste Richtung läßt sich zwar mit Gewißheit voraussagen, ich weiß aber nicht, wieweit er schon das Übergewicht dahin genommen hat. Jedenfalls wird Ihre [Luise von Gall] Erzählung binnen kurzem völlige Anerkennung finden, und wahrscheinlich findet sie es jetzt schon. Eugène Sue und namentlich seine Mystères de Paris haben so viele Nachahmungen hervorgerufen, das Geschraubte und Überreizende ist so auf die Spitze getrieben worden, daß der Umschwung notwendig ganz nahe sein muß.« (*SK II 313*)

So lobt sie auch den Stil in einem von Schücking veröffentlichten Brief des Vaters Schücking: »Sie sollen sehn, er wird allgemein Glück mit seiner Schreibart machen; das Hochtrabende hat sich überstürzt, und der Umschwung des Geschmacks vom Blumenreichen zum Klar-Konzisen ist bereits mehr als halbvollendet und wird es in kurzem ganz sein.« (*SK II 269*) Viel von ihrem eigenen Stilideal ist aus folgendem differenzierten Lob für Schückings Roman ›Das Stiftsfräulein‹ zu entnehmen, an dem sie selbst mitgearbeitet hatte und in deren Protagonisten Katharina und Bernhard Annette und Schücking ihr Verhältnis inszenieren[41]:

»Jetzt eben lese ich in den neu angekommenen ›Dombausteinen‹ Ihr ›Stiftsfräulein‹. Sie haben recht, es macht sich gedruckt sehr gut und bezeichnet, neben das Spätere gehalten, genau Ihren Übergang aus einer Schreibart in die andre, aus dem wilden westfälischen Wuchs in die anmutige Form der heutigen Literatur. Sie haben einerseits bedeutend gewonnen an Geist, Stil, klarer Form und Harmonie des Ganzen; das ›Stiftsfräulein‹ hat noch viel Zerstückeltes, viel, wenn nicht den Schüler, doch den angehenden Doctor legens Verratendes, aber auch große Originalität: es steht noch der Hauch der Heide mit ihren abgeschlossenen Charakteren, ihren bald barocken, bald träumerischen Wolkenbildern darüber; hüten Sie sich, ihn ganz zu verlieren – das eine behalten und das andre nicht lassen! – er ist Ihr eigenstes Eigentum, mit dem ersten Hauche eingesogen, und kein Fremder macht's Ihnen nach. Ich will damit nicht sagen, Ihre Gestalten sollten und müßten auf westfälischem Boden wandeln, sondern bringen Sie die westfälische Naturwüchsigkeit in die Fremde mit, sehn und hören Sie – d.h. lassen Sie Ihre Gestalten hören und sehn – mit der unblasierten Gemütlichkeit westfälischer Sinne, reden Sie mit den einfachen Lauten, handeln Sie in der einfachen Weise Ihres Vaterlands, und die Überzeugung wird sich immer mehr in Ihnen befestigen, daß nur das Einfache großartig, nur das ganz Ungesuchte wahrhaft rührend und eindringlich ist. Ich habe mich ganz warm gesprochen, Levin, und eigentlich umsonst; Sie denken wahrscheinlich ganz wie ich und sind auch nur wenig von diesem Wege abgewichen; aber ein Wort zur rechten Zeit mag es doch sein, denn Sie werden fortan in Umgebungen leben, die Ihnen keins der alten Bilder zurückrufen, und es hält schwer, mitten durch einen reißenden Strom graden Strich zu halten.« (*SK II 244*)

Schückings ebenfalls 1843 erschienener, aber schon ohne den direkten Einfluß und die Mitarbeit der Droste entstandener Roman ›Ein Schloß am Meer‹ wurde schon schärfer kritisiert; vor allem wirft sie Schücking Voreiligkeit und Leichtfertigkeit vor wie schon früher, wo sie sagte: »Mein Junge ist immer eiliger wie sein Pferd, und wenn er was Nettes weiß, so hat die arme Seele keine Ruhe, bis er es auf den ersten besten Zaun gehängt hat« (*SK II 118*). Nun schreibt sie:

»Ihr ›Schloß am Meere‹ habe ich gelesen und recht schön gefunden; es ist ein höchst brillanter Roman, voll Geist und Leben, der, wie ich höre, auch schon überall gelesen wird. Nur von einem, was Ihren Schriften allzu leicht anhängt, ist auch diese nicht ganz frei: Sie halten sich nicht immer in gleicher Höhe; große Wahrheit wird mitunter durch Affektiertes, oft nur einzelne Ausdrücke, gestört; Szenen voll der tiefsten Feinheit durch solche, nach denen man wenig Menschenkenntnis voraussetzen sollte. Zu den letzten gehört die Unvorsichtigkeit der Gräfin, ihr schweres politisches Geheimnis schiffbrüchig, auf feindlichem Boden und, nachdem sie noch eben von der Gefahr der Entdeckung gesprochen, dem ersten besten preiszugeben, und zwar einem Manne, der ihr fatal und unheimlich erscheint, und ganz ohne Not, da er ihr auch als einer Fremden die Aufnahme nicht verweigert und sie sonst nichts von ihm will. Ich denke mir, Levin, Sie haben diese Szene und die damit verbundene, von der etwas weniger, aber doch hinlänglich unstatthaften Offenherzigkeit Luisens, in einer verdrießlichen Stunde geschrieben, wo Ihnen die Arbeit zum Halse heraushing und Sie nur eilig etwas von der Hand schlagen wollten. Ich kenne meine Pappenheimer! Sie greifen dann gleichsam mit der vollen Hand in die Tinte und setzen dem reizendsten Gesichte einen Flecken auf, der schwerlich für ein Schönpflästerchen durchgeht. Danken Sie Gott, daß soviel Vortreffliches diesem entgegenwirkt; aber warum soll ich nicht mal etwas ganz Vollkommenes von Ihnen sehn? Warum spielen Sie sich selbst solche Streiche?« (*SK II 243*)

Gegenüber Elise Rüdiger läßt sie sich noch deutlicher aus, wundert sich vor allem über die Diskrepanz zwischen den guten Rezensionen über Schückings Werke und der einhelligen Ablehnung aller, mit denen sie spricht – »alle finden ihn oberflächlich, geschraubt, seine Erfindung ärmlich und unnatürlich und seine Charaktere ohne Leben und Konsequenz, kurz, halten ihn für eine in der Literatur ganz unbedeutende Person. [...] Ich *selbst* finde seine Schriften zwar keineswegs schön im ganzen, aber doch manche einzelne Szene sehr gelungen.« (*SK II 304*) Daß sie ›Die Ritterbürtigen‹, Schückings Roman über den westfälischen Adel, wegen dessen Annette selbst der Kolportage bezichtigt wurde, für ein »scheußliches Buch« hält (*SK II 473*), ist aus persönlichen Gründen verständlich.

Die Droste selbst, überzeugt von der schädlichen Wirkung, die der Konkurrenzkampf auf dem literarischen Markt für die Persönlichkeit der Schriftsteller, für die Ausreifung ihrer Gedanken und Werke sowie für die Bindung der Produkte an vorübergehende Moden hatte, war zeitlebens zufrieden mit ihrer kleinen Leibrente, die bei ihren »gottlob geringen Bedürfnissen« (*SK II 62, vgl. 324*) für das Kostgeld reichte, das sie in Rüschhaus oder bei Jenny von Laßberg zu zahlen hatte, ferner für die Unterstützung einiger bedürftiger Personen und ihre vielseitigen Sammlungen.[42] Sie war mit dem wenigen zufrieden, weil es ihr die Unabhängigkeit vom Markt gewährte und ihr die Muße ließ, weniges Vollkommene zu schaffen und nicht wie z.B. Schücking zweihundert Roman- und Novellenbände dem Publikum vorwerfen zu müssen. Sie wußte genau, wie viel hier von der ökonomischen Lage abhing: »Ach Gott, wie dankbar muß man dem Himmel doch sein, wenn er einem eine, wenn auch bescheidne, doch unabhängige Existenz verliehen hat! Ich denke immer mit Beschämung, wie miserabel ich mich in einer ähnlichen Lage machen würde, und fühle den tiefsten Respekt vor solchen mutigen Kämpfern mit den Verhältnissen.« (*SK II 345*)

Aus demselben Grund nahm sie auch die manchmal drückende Abhängigkeit von ihrer Familie hin – man denke nur daran, daß die an sie gerichteten Briefe ganz selbstverständlich von ihrer Mutter oder von Laßberg geöffnet und gelesen wurden, wenn sie nicht besondere Vorkehrungen traf, sie abzufangen, ehe sie diesen Matri- und Patriarchen in die Finger kamen. Um so mehr geriet sie in Panik, als ihre Nebenbuhlerin um Schücking, Luise von Bornstedt, sich in Münster allseits darüber vernehmen ließ, das seltsam zeitgleiche Zusammentreffen von Schückings Anstellung bei Laßberg und Annettes Reise nach Meersburg im September 1841 rieche doch nach einem obendrein von Laßberg gut bezahlten Rendezvous. Hier befürchtete Annette den Verlust ihrer ganzen aufgrund ihrer Jüngferlichkeit und Unterwürfigkeit »so langsam und mühsam erkämpften Freiheit (insofern ich die passive Nachsicht der Meinigen mit meiner Weise zu sein und mich zu den Menschen zu stellen so nennen darf)« (*SK I 542*).

Diese Opfer brachte sie nicht zuletzt, um nicht den wechselnden Moden des literarischen Marktes sich unterwerfen zu müssen, den sie mit unerbittlichem Scharfblick analysierte:

»Wir bekommen hier eine Menge Journale, die ›Modezeitung‹, das ›Morgenblatt‹, den ›Telegraphen‹, ›Vaterland‹, ›Ausland‹, ›Königsberger Literaturblätter‹. Wenn ich sehe, wie so alles durcheinander krabbelt, um berühmt zu werden, dann kömmt mich ein leiser Kitzel an, meine Finger auch zu bewegen. Geduld! Geduld! Aber wenn ich dann wieder sehe, wie einer kaum den Kopf über dem Wasser hat, daß schon ein anderer hinter ihm einen Zoll höher aufduckt und ihn niederdrückt, wie Heine schon ganz verschollen, Freiligrath und Gutzkow veraltet sind, kurz die Zelebritäten sich einander auffressen und neu generieren wie Blattläuse, dann scheint mir's besser, die Beine auf den Sofa zu strecken und mit halbgeschlossenen Augen von Ewigkeiten zu träumen. Mir kömmt ein stattlicher Bürger vornehmer vor wie ein verjagter und mit Kot beworfener König, und ich finde nichts kläglicher als einen cidevant berühmten Poeten, dem jetzt jeder räudige Kläffer nach den Waden fährt. Sie glauben nicht, wie's mich ärgert, Freiligrath schon so häufig als ›ephemere Glanzerscheinung‹, ›Seifenblase, die geplatzt ist‹ et cet. bezeichnen zu hören, und doch kommen diese Stimmen von allen Winden, und es ist förmlich Mode, sich von ihm loszusagen. Der arme Winterkönig! der doch gewiß gemeint hat, mit achtzig Jahren in seinem Diktatormantel schlafen zu gehn! Ach, Elise, alles ist eitel! Was hilft's mir, daß die Buchhändler meinen, auch mich kurze Zeit dem Publikum als Zugpflaster auflegen zu können, um mich nachher wie eine verbrauchte spanische Fliege beiseite zu werfen! Das ›*Abendblatt*‹ hat mir Anträge gemacht, recht vorteilhafte, ›das gewöhnliche Honorar‹ sei zwei, höchstens drei Louisdors per Bogen, ich könne aber darüber hinauf fordern, so hoch ich wolle. Die Bedingungen seien lediglich mir selbst anheimgestellt et cet.; ferner: Ich dürfe nicht zürnen, wenn es mich dem Publikum vorläufig als Mitarbeiterin zu bezeichnen wage, und nur ein bestimmter Befehl meinerseits könne es daran verhindern. Ich habe bis jetzt weder Zeit noch Lust gehabt, den Brief zu beantworten; vor zwanzig Jahren würde er mir den Kopf verrückt haben, jetzt sehe ich schon en perspective den Augenblick, wo man sich meine Beiträge verbitten oder auf den geringsten Preis herabdrücken würde. So steht mein Entschluß fester als je, nie auf den Effekt zu arbeiten, keiner beliebten Manier, keinem anderen Führer als der ewig wahren Natur durch die Windungen des Menschenherzens zu folgen und unsre blasierte Zeit und ihre Zustände gänzlich mit dem Rücken anzusehn. Ich mag und will *jetzt* nicht berühmt werden, aber nach hundert Jahren möcht ich gelesen werden, und vielleicht gelingt's mir, da es im Grunde so leicht ist wie Kolumbus' Kunststück mit dem Ei, und nur das entschlossene Opfer der Gegenwart verlangt.« (*SK II 190f.*)

Einmal hatte sie sich, mit ihrem Westfalen-Buch, etwa auf die beliebte Manier Washington Irvings eingelassen: »Eine Reihenfolge von kleinen Begebenheiten und eignen Meditationen, die durch einen losen, leichten Faden, etwa einen Sommeraufenthalt auf dem Lande verbunden sind. Diese Form ist sehr ansprechend und gibt dem Schreiber große Freiheit, bald erzählend, bald rein beobachtend und denkend aufzutreten« (*SK I 314*). Sechs Jahre später, als sie sich der Sache wieder zuwandte, schrieb sie:

»Ich will jetzt auch nur wieder fleißig an mein ›Bei uns zu Lande‹ gehn; ich denke, es wird gut; aber wie sich die Ansichten ändern – hoffentlich reifen –! Das Buch wird gewiß ein ganz anderes, als es vor zwei Jahren, wo ich den Entwurf machte, geworden wäre, und doch lag es auch damals wahrlich nicht an meinen Kinderschuhen. Aber die Manier Washington Irvings und einiger französischer Genremaler hatte doch mehr auf mich influiert, als ich mir bewußt war, und keine Manier hält vor; ist sie nach einigen Jahren verbraucht, so wird sie vorläufig um so viel widriger als die eigentliche Schreibart, wie altmodisch widriger ist als altfränkisch, und jeder, dem damals ein Plan steckengeblieben ist, freut sich hintennach, daß er den Purzelbaum nicht hat mitmachen müssen.« (*SK II 286*)

Wenn sie sich nun derart von Mode und Manier freihalten wollte, mußte sie suchen, Darstellungsformen zu finden, die gleichsam aus den Stoffen zu entwikkeln waren oder die traditionelle Verbindungen mit den Stoffen hatten, die sie bearbeitete. Das ›Geistliche Jahr‹ knüpft demgemäß deutlich an barocke Perikopendichtung an, und von der historischen Ballade Uhlands hat sie sich wohl nicht überzeugen lassen, weil es Uhlands neue Ballade war, sondern weil Uhland damit auf das historische Lied des Spätmittelalters und der frühen Neuzeit zurückgegriffen hatte. Das »Sittengemälde« – die ›Judenbuche‹ ist eines – hat seine Wurzeln in der niederländischen Genremalerei und ihren literarischen Parallelformen, ebenso das »Bild« der ›Heidebilder‹ in der frühen Landschaftsmalerei. Dieser Rückgriff auf die »Urform« mag mit dem Schücking eingehämmerten Satz gemeint sein, nur das Einfache sei »großartig, nur das ganz Ungesuchte wahrhaft rührend und eindringlich« (*SK II 244*). Da sie Einfaches meist in komplexer Form hybridisiert, mischt und zusammenspannt, handelt es sich bei ihr nie um platten Historismus, sondern immer um eine interessante gegenseitige Beleuchtung von Elementen und Formen verschiedener Herkunft und Tradition.

Um so sorgfältiger arbeitete und überarbeitete sie ihre Texte. Eigentlich wollte sie nur ihre Gedichte abschreiben für die Cottasche Ausgabe, aber sie »fand des Dichtens und Korrigierens gar kein Ende« (*SK II 131*). Und um so wichtiger wurde ihr, daß der Wortlaut ihrer Gedichte von wohlmeinenden Korrektoren nicht mehr verändert wurde; allenfalls in der Interpunktion bekannte sie sich hilfsbedürftig (*SK II 182*). In ihren Anfängen, besonders während der engen Zusammenarbeit mit Schücking, hatte sie ihn an ihren Gedichten für die Veröffentlichung ändern lassen, wie es ihn gut dünkte und ohne daß er fragen mußte. Nach der Trennung von Schücking im Frühjahr 1842 wird sie heikel:

»Sie sehn, Levin, ich möchte gern alles für Sie tun, was ich kann; nun geben Sie mir dagegen aber auch *ein* Versprechen, und zwar ein ernstes, unverbrüchliches, Ihr *Ehrenwort*, wie Sie es einem Manne geben und halten würden, daß Sie an meinen Gedichten auch nicht eine Silbe willkürlich ändern wollen. Ich bin in diesem Punkte unendlich empfindlicher, als Sie es noch wissen, und würde grade jetzt, nachdem ich Sie so dringend gewarnt, höchstens mich äußerlich zu fassen suchen, aber es Ihnen *nie* vergeben und einer innern Erkältung nicht vorbeugen können. Habe ich bei Ihrem ›romantischen und malerischen Westfalen‹ über manches weggesehn, so traten dort Umstände ein, die besondere Berücksichtigung verlangten: wir waren uns noch um vieles fremder; Sie, ein angehender Schriftsteller in unbequemen Verhältnissen, der seine ganze Hoffnung auf diese Arbeit setzte, hatten mich um die Balladen gebeten – von den prosaischen Notizen spreche ich nicht, das waren eben nur Notizen zu beliebigem Gebrauch – und waren nun, sobald sie Ihnen mißfielen, in der verzweifelten Lage, aus Höflichkeit mit blutendem Herzen Ihr eignes Werk, nach Ihrer Ansicht, verderben zu müssen. Fühlen Sie nicht, daß, sobald ich dies einsah, meine Lage noch viel epinöser war als die Ihrige und ich meinen Schultern um keinen Preis eine solche Verantwortung aufladen durfte? Sie können also keine Parallele von damals zu jetzt ziehn, und wenn Sie es dennoch tun, so täuschen Sie sich auf eine für unser so liebes und fruchtbringendes Verhältnis höchst traurige Art.« (*SK II 259f.*)

Das plötzlich so offensichtliche Mißtrauen gegenüber Schücking, das ihn in die Rolle des bloßen Impresarios verwies, hatte drei Gründe. Der erste war ihr seit dem Erfolg der ›Judenbuche‹ gewachsener »Hochmut«, gepaart mit der »Furcht, meine Verleger durch die geringe Popularität meiner Werke in Schaden zu bringen« (*SK II 352*), woraus für sie eine immer wachsende Verpflichtung auf Vollendung erwuchs. Der zweite Grund lag in der Wendung Schückings zu einigen Forderungen des Vormärz:»Fürs erste schickt er mir seine Gedichte, worin er als entschiedener Demagog auftritt! Völkerfreiheit! Preßfreiheit! Alle die bis zum Ekel gehörten Themas der neueren Schreier.« (*SK II 457*) Den dritten Grund vertraut sie nur ihrer Freundin Elise Rüdiger an: Luise von Gall mischt sich nicht nur in das Verhältnis zwischen Levin und Annette ein, sie bessert sogar an den Gedichten der Droste herum:

»Ich habe seit drei Monaten viele Briefe von Sch[ücking] erhalten – oder von seiner Frau, wenn Sie wollen; denn sie schreibt immer die Hälfte davon und diktiert noch einen Teil des übrigen, wo es immer um die dritte Zeile heißt, ›meine Frau sagt‹ oder ›meine Luise will, daß ich Ihnen schreibe et cet.‹ Es ist auch offenbar, daß sie alle an ihn kommenden Briefe liest, wahrscheinlich sogar auf seinen Wunsch in seiner Abwesenheit erbricht. So richte ich denn die meinigen für beide ein, rede sogar abwechselnd beide an, um ihr nicht extra schreiben zu müssen. Indessen traue ich ihr nicht recht, ihre Worte gegen mich sind lauter Liebe, sogar Demut, aber dennoch fühle ich etwas Gezwungenes und versteckt Pikiertes zuweilen heraus, namentlich wenn ich etwas von Sch[ücking] nicht übermäßig gelobt habe. Neulich z.B. schrieb Sch[ücking] mir, er werde sich fortan aufs Drama legen, und habe ein Trauerspiel ›Günther von Schwarzburg‹ unter der Feder. Ich riet ihm davon ab, da ich nach den früheren Proben sein Talent fürs Drama für weit weniger ausgemacht halte, als zur Poesie und erzählendem Stile. Darauf schreibt sie ziemlich spitzig: ›Levins, ›Günther‹ ist fertig und trotz Ihrer traurigen Prophezeihungen doch ein gutes Stück.‹ Und ein anderes Mal, was mich wirklich arg enttäuscht hat, zuerst eine ganze Seite voll Weihrauchqualm: sie sei ganz berauscht von Entzücken! So habe noch niemand geschrieben! Ich sei bestimmt, der Stolz meines ganzen Geschlechts zu werden! et cet. – und nun auf der andern Seite, von Levins Hand, eine Menge Stellen meiner Gedichte, die ihm schon früher bekannt und sehr lieb waren, und die er nun mit einer Ängstlichkeit verändert wünscht, daß man sieht, wie sie ihm jemand fatal und lächerlich gemacht hat, und dann als Nachsatz: ›Mein Luischen kömmt eben herein und will sich wohl totlachen, daß ich Sie noch erst um Erlaubnis frage; sie meint, ›alles das, was ich abgeändert wünsche, seien ja lauter Unmöglichkeiten!, und ich hätte zu Ihrem eigenen Besten frisch drauflos korrigieren sollen, ohne Sie lange zu fragen; sie wolle mir noch eine Menge anderer Unmöglichkeiten zeigen et cet.‹‹ […] Ich habe nichts hierauf geantwortet (d.h. auf den Nachsatz), fürchte aber, das Stückchen lange nicht zu vergessen, nicht der Beleidigung halber, sondern weil ich besorge, einen tiefen unglücklichen Blick in ihren Charakter getan zu haben. Sch[ücking] liegt übrigens total zu ihren Füßen, man sieht, daß jedermann (wie natürlich) sie ihm anlobt; er hält sie für die glänzendste, die begabteste, die schönste Frau Deutschlands, schwimmt in Glück und tut nicht wenig dick damit, daß sie so mit Bewunderern gesegnet sei, zu denen auch Kolb gehöre. *Mich* hat sie indessen noch nicht bei ihm zugrunde richten können; teils scheint wirklich eine echte dankbare Anhänglichkeit in ihm festgewurzelt, und teils scheinen, sooft sie ihm einen Floh über ›Unmöglichkeiten‹ ins Ohr setzt, wieder andre da zu sein, die ihn herausnehmen. Wenigstens wechselt seine Ängstlickeit über mich häufig mit dem jubelndsten Triumphe ab, wo er von nichts spricht, als von meinem in Süddeutschland bereits mit so wenigen Gedichten erlangten Ruhm und der Spannung des Publikums auf das Ganze, und mir für die Zukunft zu den exorbitantesten Forderungen rät. Das sind spanische Schlösser! Aber ich sehe doch daraus, daß sich noch andre Zungen hörbar machen als die doppelte seiner Luise!« (*SK II 300f.*)

Das Abschiedsgedicht, das die Droste für die Schückings am Ende ihres Besuchs in Meersburg schrieb, hat eine ungeheure Endgültigkeit – Abbruch jeder Beziehung und Eingehen der Sprecherin in die Einsamkeit der Naturerscheinungen, die ihre Dichtungen erwecken, so wie ihre Dichtung am Ende nur noch Natursprache sein soll:

LEBT WOHL

Lebt wohl, es kann nicht anders seyn!
Spannt flatternd eure Segel aus,
Laßt mich in meinem Schloß allein,
Im öden geisterhaften Haus.

Lebt wohl und nehmt mein Herz mit euch
Und meinen lezten Sonnenstrahl,
Er scheide, scheide nur sogleich,
Denn scheiden muß er doch einmal.

Laßt mich an meines Seees Bord
Mich schaukelnd mit der Wellen Strich,
Allein mit meinem Zauberwort
Dem Alpengeist und meinem Ich.

Verlassen, aber einsam nicht,
Erschüttert, aber nicht zerdrückt,
So lange noch das heil'ge Licht
Auf mich mit Liebesaugen blickt,

So lange mir der frische Wald
Aus jedem Blatt Gesänge rauscht,
Aus jeder Klippe, jedem Spalt
Befreundet mit der Elfe lauscht,

So lange noch der Arm sich frei
Und waltend mir zum Aether streckt,
Und jedes wilden Geiers Schrei
In mir die wilde Muse weckt.

(D-HKA I 325)

Es wäre aber ungerecht, wollte man in dem Verhältnis gegenseitiger Förderung und Kritik zwischen der Droste und Schücking auf diesem Tone der schroffen

Trennung oder gar der Empörung und Verletzungen enden, mit der die Droste die ›Ritterbürtigen‹ aufnahm und von da an jede Beziehung zu Schücking vermied. Man kann doch ohne Umschweif sagen, daß es weitgehend Schücking war, der die Droste »gemacht« hat. Selbst wo sie Stoffe hat, die sie »plagen« und um die es schade wäre, wenn sie verkämen (*SK II 286*), hat sie nicht das direkte Bedürfnis, sie niederzuschreiben und das Niedergeschriebene gleich drucken zu lassen. Sie dazu anzuregen, unermüdlich Veröffentlichungsmöglichkeiten zu eröffnen und sie zum Schreiben, zum Überarbeiten, zum Eingehen der berühmten Lyrik-Wette zu provozieren, das war Schückings Werk. Die Äußerung vom »Zuströmen ungeborner Ideen, die mir im Kopfe summen wie Bienenschwärme, denen man den Korb verklebt hat« (*SK II 411*), ist symptomatisch, obwohl die Droste an gleicher Stelle schreibt, sie fühle sich zum Produzieren aufgelegt. Wenn in den ersten Jahren nicht Schlüter und die Münsteraner Freunde, dann vor allem Schücking immer wieder Aufgaben vor ihr aufgestellt und sie zum Schreiben provoziert hätten, wäre sie nach ihrem eigenen Wort »faul wie ein invalider Mops« auf ihrem Sofa mit untergeschlagenen Beinen sitzen geblieben, weil »die Lust am Schaffen bei ihr nicht die Energie hatte, sie aus den angenehmeren Träumen zur Tat zu führen«.[43] Auch durch das feinsinnig geschriebene ›Lebensbild‹, dessen erste Veröffentlichung in die Jahre der Entfremdung fällt, und durch seine unermüdliche Bemühung um die Dichtung der Droste, die nach seinen Worten »unendlich mehr originelle Poesie als ich in sich« hat[44], bleibt Schücking derjenige, der ihr Gedenken in der Öffentlichkeit wachhielt und das Bewußtsein ihrer Größe förderte.

[300] In Unterzeichnetem sind so eben erschienen und durch alle Buchhandlungen zu beziehen:

Gedichte

von

Annette Freyin von Droste-Hülfshof.

8. Velinpap. broschirt. Preis 3 fl. 30 kr. oder 2 Rthlr.

Freunde ächter Poesie werden diese gesammelten Gedichte einer deutschen Sängerin von schon anerkanntem Rufe hoch willkommen heißen. Sie sind Erzeugnisse der dichtenden Grundkraft des Geistes, der Phantasie, die in jedem neuen Dichter wieder Eigenthümliches schafft. Und so bietet denn diese Kraft auch hier Neues, noch nie Dagewesenes. Aber sie verschwendet ihren Schimmer nicht an Zerrbilder, sondern sie verklärt mit ihrem Sonnenschein energische Bilder des wahrhaftigen Lebens aus Vergangenheit und Gegenwart, aus Natur und Sage, sie verkörpert tiefe ächte Gefühle, sie umwebt Gedanken und Ueberzeugungen voll ernster und reiner Gesinnung mit der Glorie der Dichtkunst.

Stuttgart und Tübingen, Sept 1844.

J. G. Cotta'scher Verlag.

Meersburg von Westen mit der Kette der Alpen und einem Raddampfer. Stadtarchiv Meersburg (1.2.69)

Meersburger Miniaturen

War Annette vor dem ersten Meersburger Aufenthalt sehr skeptisch gewesen, ob nicht Jennys Kontakte mit den Meersburger Honoratioren auch für ihre Arbeit nichts als Zeitverlust bedeuten würden, so konnte sie am Ende des zweiten Aufenthalts ihrer jungen Freundin Philippa Pearsall schreiben:

»So betrachte ich Meersburg wie die zweite Hälfte meiner Heimat und bin auch wirklich recht gern dort. Nicht nur, was den Aufenthalt im Schlosse anbelangte (wo mir wirklich so viele Liebe und Nachsicht mit meinen Seltsamkeiten zuteil wird, daß es mich oft tief beschämt und die schönsten Besserungsentschlüsse hervorruft, die nur leider vor meiner Trägheit und Menschenscheu immer wieder zergehn wie Schnee an der Sonne), sondern auch das Städtchen ist so angenehm, als seine Kleinheit dies irgend gestattet; man ist völlig unbe-

Auf der gegenüberliegenden Seite: Anzeige der ›Gedichte‹ in der ›Allgemeinen Zeitung‹, Nr. 279 v. 5. Oktober 1844, S. 2231.

lästigt, kann ganz angenehmen Umgang finden, Musik, Lektüre, mehr als man erwarten konnte, und darf auch andrerseits sich zurückziehn, z. B., wie ich, fast isoliert leben, ohne Nachrede und pikiertes Wesen fürchten zu dürfen. Das habe ich noch anderwärts nirgends gefunden (d. h. in keiner kleinen Stadt), und muß dieses der verhältnismäßig großen Anzahl gebildeter Einwohner zuschreiben, die einen zu vollständigen Kreis bilden, als daß das Ausbleiben einer einzelnen Person sehr merklich werden könnte, und zu gut erzogen sind, als daß sie nicht jeden, der sonst friedlich und wohlwollend scheint, seinen eigenen Weg sollten gehn lassen.« (*SK II 331f.*)

Es waren aber keineswegs nur die Standesgenossen oder die Honoratioren der Stadt, die die Droste anzogen, sondern vor allem die »geringen Leute«, deren unabwendbaren Bedarf, in Gestalt eines »mächtigen Misthaufens« beim Haus »durch das ganze Jahr Dünger für ihren Weinberg machen« zu müssen, sie zum Beispiel mit praktischem Sinne anerkannte. Sie beschreibt die einfachen Menschen meist so, daß sie den Adressaten ihrer Briefe wie aus einem ihrer »Sittengemälde« oder aus einem Bild Ludwig Richters entgegentreten. Bestimmte charakterzeichnende Züge, humoristische Details, werden identifiziert und auch in späteren Briefen leitmotivisch wiederholt. So entstehen poetische Miniaturen, gestaltete Wirklichkeit, die zum einen die Briefe Teil ihres dichterischen Werks werden lassen, zum andern von der Droste auch als Material für künftige Dichtungen in ihrer exakten Phantasie bewahrt blieben.

FIGEL

Der verwachsene Wirt des Landwirtshauses mit seinem Zöpfchen ist seit dem ersten Meersburger Aufenthalt in guter Erinnerung. Aber an Schücking muß am 14. Dezember 1843 berichtet werden: »Figel fast bankrott, will sein Häuschen verkaufen; niemand besucht ihn mehr, wir sind nur einmal aus alter Erinnerung hingegangen, fanden niemand dort und konnten kaum etwas erhalten; sein Zöpfchen steht vor Melancholie ganz schief, während seine gezwungenen Späße in der traurigen Lage einen unheimlichen Eindruck machen und ich nicht wieder habe hingehn mögen.« (*SK II 245*)

Kaum drei Monate später sieht die Lage wieder anders aus: »Dergleichen romantische Wunderlichkeiten [das Theater, s.u.] können nur in Meersburg passieren; sie gehören zum wunderlichen alten Schlosse mit dem wunderlichen alten Gerümpel darin, zu Laßberg, den Alpen und dem Herrn Figel, der NB. auch wieder aufblüht, d. h. seine Schulden bezahlt, und wieder con amore mit seinem Zöpfchen wedelt.« (*SK II 290*)

»Glaserhäuschen«, die »Schenke am See«. Stadtarchiv Meersburg

HERR HUFSCHMID

Schon Annettes Mutter muß ihn getroffen haben, denn gleich im ersten Meersburger Brief schrieb die Tochter von »unserm guten Herrn Hufschmid (der, nebenbei gesagt, mein ganzes Herz gewonnen hat)« (*SK I 559*). Besuchte man die Familie, konnte man von ihm »ä Täßle Kaffee« präsentiert bekommen (*SK II 35*); vor allem aber stellte sich »unser Schatz Hufschmid« (*SK II 3*) »jeden Abend gleich regelmäßig ein und ist immer gleich liebenswürdig« (*SK II 29*): »Herr Hufschmid (um keinen Tag älter geworden) kömmt noch jeden Abend im selben braunen Rocke, spielt langen Puff und bittet uns, nicht zu früh aufzustehn.« (*SK II 245*)

Man erinnert sich: Annette hat diesen denkwürdigen Rat, den der Gast allabendlich nach dem Brettspiel den Herrschaften im Schlosse gab, dem Wirtlein Figel als »der lust'gen Schwaben Abendsegen« in den Mund gelegt. Anfang Februar 1844 muß sie berichten:

»Aber *hier* ist ein Fall, der uns des guten Herrn Hufschmids wegen sehr nahegeht: seine Frau hat vorgestern einen Schlaganfall bekommen, ist anfangs sprachlos gewesen und noch immer auf der einen Seite gelähmt. Wir schicken täglich zweimal hin; denn vom langen Puff kann natürlich keine Rede sein. Der alte Mann sitzt ganz ratlos neben dem Bette seiner alten Frau, mit der er sehr glücklich gelebt hat, und es ist zweifelhaft, ob sie binnen einigen Tagen sterben oder noch jahrelang so hinsiechen wird. Für *sie* wär gewiß das erstere am besten; von *ihm* glaube ich aber kaum, daß er es ertragen würde, sie nicht wenigstens noch zu sehn, und daß sie ihn bald nachholen würde. Es sind ein Paar ehrenwerter Leute, und ich mag mir Meersburg ohne den guten Hufschmid gar nicht denken.« (*SK II 282f.*)

HERR STIELE

Dieser aus einfachem Handwerk zum Künstlerlorbeer emporstrebende Mann ist wohl eine der farbigsten Figuren im damaligen Meersburger Stadtleben gewesen; die Droste, einmal sogar Objekt seiner Galanterien, schildert immer sichtlich amüsiert das Neueste von ihm; Schücking und Annette hatten ihn beim Liebhabertheater, das im Winter 1841/42 eine Reihe Stücke zur Aufführung gebracht hatte und über das zu berichten ist, wohl zum ersten Mal in vollem Glanz erlebt. Im Mai 1842 schreibt Annette an Schücking:

»Den 26sten (Fronleichnamstag). Ich schreibe Dir unter Kanonendonner, unter Pauken- und Trompetenschall. Die Bürgermiliz hat sich vor der Pfarrkirche aufgepflanzt und läßt ihr Geschütz, wirklich ordentliche Kanonen, seit vier Uhr morgens, sechs Messen lang, so unbarmherzig zu Gottes Ehre knallen, daß fast in jedem Hause ein Kind schreit und wir auf dieser Seite haben alle Fenster aufsperren müssen, damit sie nicht springen. In den Schwaben ist doch mehr Lust und Leben wie in unsern guten Pumpernickeln! Stiele hat sich in eine Uniform gezwängt, die aus allen Nähten bersten möchte, und malträtiert die große Trommel mordmäßig. Als ich aus der Kirche kam, salutierte er höchst militärisch und sagte dabei höchst bürgerlich: ›Guten Morgen, gnädiges Fräulein!‹ Da höre ich soeben die Prozession kommen.« (*SK II 34*)

Im Zusammenhang mit dem Aufhören des Liebhabertheaters kommt die Schreiberin auf Herrn Stiele zurück: »Herr Stiele scheint etwas betroffen über

Das »Fürstenhäusle«. Photo Bayer. Stadtarchiv Meersburg (6.16.1.7)

den Verlust seiner glänzenden Theaterstellung, macht sich aber desto breiter bei andern Späßen und hat z. B. am vorigen Sonntage, wo beim Figel große Fête mit türkischer Musik war, aus reiner Kunstliebe die große Trommel gehandhabt, daß alle Bänke zitterten; er sah köstlich aus in seinen Hemdärmeln, seine dicken Arme schwingend, rot um den Kopf wie ein Puter, und die Wahlverwandschaft mit seinem Instrumente war gar nicht zu verkennen. Jetzt habe ich seit vierzehn Tagen seine angenehme Nachbarschaft; es ist nämlich ein langer Tisch in mein Vorzimmer gestellt worden, auf dem er für Laßberg den Bauriß des Kölner Doms illuminiert. Ich gäbe für das Ding keinen Gulden, und er bekömmt zwölf Kronen dafür, ist aber so faul, daß er wenigstens sechs Wochen darüber pinseln wird und also doch dabei Hunger leiden muß; denn Laßberg hat ihn dieses Mal nicht in Kost und Logis genommen, wie früher beim Kopieren seiner beiden Missaledeckel, wo Stiele es möglich gemacht hat, vier Monate drüber zu arbeiten, sodaß Laßberg ihn vor Ungeduld fast zum Hause hinaus geworfen hätte. Es ist doch ein Windbeutel in folio! Er ist so kühn, daß er anfangs unter allerlei Vorwänden mehrere Male in mein Zimmer kam; jetzt habe ich mich aber abgesperrt, gehe durch das Kämmerchen und die Küche aus und ein, und er kann seiner Allemannskoketterie nur durch die künstlichsten Arien und Läufe Luft machen, die er während der Arbeit so gleichsam hinwirft, und die oft seltsam verunglücken.« (*SK II 36*)

Aber die Ambitionen des Genies fanden zum Glück ein greifbareres Ziel: »Herr Stiele hat, während ich noch dort war, seinen Malergeschmack auf eine glänzende Weise bekundet, indem er sich in eine häßliche, ältliche Kammerjungfer verliebt hat, die auf einen Tag nach Meersburg zum Besuch kam. Sie ging durchs Vorzimmer, in dem er den Kölner Domriß illuminierte, um mit ihren schönen Händen mein Haar zu flechten: venit, vidit, vicit! Am Nachmittage suchte er sie beim Figel auf, am andern Tage folgte er ihr nach Konstanz und gibt seitdem alle Zeichen tiefster Erschütterung von sich: Reue über sein voriges Leben, Tiefsinn, Begeisterung und die ernstesten hausväterlichen Pläne. Kann das einem andern Künstler passieren, als der wie Stiele ein geborner Schneider ist und vor zehn Jahren statt mit dem Pinsel mit dem Bügeleisen hin und her fuhr? Ich glaube wohl. Künstler und Dichter nehmen gewöhnlich Frauen, vor denen sich jeder andre bedanken würde.« (*SK II 82*)

Vielleicht war der Schlußsatz als Warnung für Schücking gedacht, der allerdings noch ohne genaues Wissen der Droste in diesen Wochen des September 1842 erste Kontakte zu Luise von Gall aufnahm. Zu dem von Herrn Stiele bereuten leichtsinnigen Vorleben gehörte wohl auch, den Kolonialwarenhändler Vogel, der einen Lotteriegewinn gemacht hatte, zu einem unrentablen Projekt beschwatzt zu haben:

»Herr Vogel sieht so trübselig aus und sein Laden noch trübseliger; man sagt, er werde Bankrott machen. Das kömmt vom Lotterieglück! Da werden gleich Plane gemacht, die doch nur durch zwei Drittel Borg realisiert werden können: neues Haus und Laden, was den Kunden ganz gleich ist; elegante Artikel, für die es hier keine Käufer gibt; in die ärgste Pfütze hat ihn Stiele geritten mit der Badeanstalt, die, wie sich jetzt auszeigt, in den warmen Monaten trocken liegt und winters durch den Sturm abgedeckt und unterspült wird. Es tut mir leid; ich habe den Vogel gern, er ist so freundlich und fleißig. Pour comble de malheur tut sich jetzt ein gewisser Zimmermann in denselben Artikeln viel reeller und großartiger hervor, und alles läuft ihm zu – nur ich nicht; ich will lieber etwas schlechtere Schokolade trinken et cet., als ein Gesicht noch betrübter machen, was ich so freundlich gekannt habe.« (*SK II 283*)

Jedenfalls scheint Annettes ältliche Kammerjungfer einen segensreichen Einfluß gehabt zu haben; im Dezember 1843 erfährt Schücking, in Meersburg sei nicht mehr viel los, denn »der unermüdliche maître de plaisir, Stiele, in Konstanz verheuratet, [sei] nur einmal mit dem Dampfboote als sehr dicker, ernster Hausvater sichtbar geworden« (*SK II 245*). Damit hört das Interesse der Droste an dieser Figur auf; der kleine Roman ist abgeschlossen.

DER PHYSIKUS, DER PROVISOR

Noch in die erste Meersburger Zeit gehört die Bekanntschaft mit dem Arzt Scheppe: »Ich bin gestern den ganzen Tag vom Physikus Scheppe und seiner Frau in Beschlag genommen worden. Am Morgen waren sie hier, um meine Münzen und geschnittenen Steine zu besehen, und nachmittags waren wir zu ihnen geladen. Er war schon einige Male hier, um Jennys Muscheln zu ordnen und numerieren, und Jenny wünscht sehr, ihn zu einem Art Hausfreund zu akquirieren, da sie ihn nicht nur sehr gern hat (ebenso gern wie unsern Schatz Hufschmid), sondern auch behauptet, er sei voll Kenntnisse und der einzige in Meersburg, dessen Umgang Laßberg wirklich freue und unterhalte. Es scheint auch so, denn sooft er kömmt mit seinen dicken Folianten unterm Arm, packt ihn Laßberg sogleich und läßt ihn oft gar nicht wieder los, so daß aus dem eigentlichen Zwecke des Kommens (Botanisieren, Muscheln- und Mineralienbestimmen) nichts wird. Er ist ein großer Fund für Jenny und ihr nur leid, daß sie den Doktor Kraus schon zum Hausarzt hat. Scheppe und ich sind auch dicke Freunde und haben uns wertvolle Geschenke an Versteinerungen und Schnekkenhäusern gemacht, denn er kriecht ebenso wie ich am See und in den Weinbergen umher und ist lange *vor* mir gekrochen, so daß die Meersburger an diese neue Art von Vierfüßlern gewöhnt sind, was mir jetzt gut zustatten kömmt, denn es fällt keinem ein, was Besonderes darin zu finden, die Höflichsten bleiben sogar stehn und geben mir die Stellen an, wo seltene Sorten zu finden sind und wo der Physikus und Herr Jung auch gesucht hätten.« (*SK II 3f.*)

Beim zweiten Aufenthalt Annettes war Scheppe zu ihrem Bedauern fortgezogen. Da fiel ihr Blick auf den Apothekergehilfen: »Meine zweite Liebe, leider unerwidert, ist der Provisor in der Apotheke meinem Turm gegenüber, auch ein kleines, grauköpfiges Wurzelmännchen, das aus bloßer Treue schon der vierten Generation derselben Familie dient, obwohl ihm zehnmal bessere Stellen geboten sind; jetzt einen schlimmeren Herrn hat, der die Armen drückt und nun aus seinem armen dünnen Provisorbeutel den Leuten das Geld zusteckt, womit sie seinen Herrn bezahlen. Ich habe ihm lange nachgestellt und ihn oft in meinen Turm zur Münzschau eingeladen, aber der ägyptische Josef will nicht daran, und ich muß mich begnügen, ihn aus der Ferne zu betrachten, wenn er seines Herrn krummbeinige, eheleibliche Kretins an der Mauer spazierenträgt. Du siehst, es gibt hier mitunter nette Leute; wenn die Schwaben gut sind, so sind sie gleich recht gut, sonst durchgängig etwas dickhäutig und dickköpfig, aber doch durch die Bank fromme Schlucker, und das Sprichwort ›Ehrlich wie ein Schwab‹, ist nicht umsonst da.« (*SK II 326*)

Auf Schloß Hersberg bei Immenstaad wohnte Fürst Konstantin Salm-Reifferscheidt mit seiner Gattin, einer Prinzessin Charlotte zu Hohenlohe, und den Kindern Leopold, Auguste und Fritz. Diese »sehr gute und durchaus fein gebildete Frau von etwa sechsunddreißig Jahren [...] malt sehr hübsch, liest viel, ist passioniert für Musik und möchte mich, da sie furchtsam im Fahren ist, viel lieber auf einige Zeit herüberlocken, als jeden Sonntag unter Stöhnen und Zittern den Berg hinanfahren« (*SK II 291*) – die 7 km bedeuteten damals »anderthalb Stunde« Fahrt in ruckelnder Kutsche. Die vielen gemeinsamen Interessen und eine gewisse Ähnlichkeit mit der Münsteraner Freundin Elise Rüdiger machen sie für Annette »so anziehend, daß sie die einzige Frau hier umher ist, der ich mich wirklich gern anschließen möchte«. »Ihr wär' es auch schon recht, und sie hat mich aufs freundlichste zu näherem Verkehr eingeladen, aber es kann nicht sein, Laßberg findet die Kinder zu unartig, als daß er ihren Umgang mit den seinigen zugeben sollte, zudem ermüdet ihn die Unterhaltung des Fürsten allemal tödlich, und so muß ich zurückhaltend sein wie die übrigen, um keine Veranlassung zu größerer Annäherung zu geben [...]. Ich wollte, ich könnte Laßbergs Abneigung beschwichtigen; die arme Frau ist so gar einsam! Über ihren Träumereien brütend wie Salomos ›Turteltaube in der Wildnis‹![45] Aber es wird nicht gehn.« (*SK II 254*)

Trotz der sonntäglichen Besuche und des Mangels an Alternativen kam es nicht zur engeren Beziehung: »Die Fürstin Salm [...] bleibt, aufrichtig gesagt, doch immer ein faute de mieux, alles liebend und treibend, was ich liebe und treibe, aber in so heterogenem Geschmacke, daß ich darüber zu sprechen vermeide, und zudem würde Laßbergs und Jennys förmliche Höflichkeit nie ein recht gemütliches Verhältnis aufkommen lassen.« (*SK II 306*) Um sich zu »revanchieren«, trug Annette im Sommer 1846 eine Schachtel voll Geschenke für die Fürstin zusammen: »meine Gedichte, mein ziemlich gut geratenes Daguerreotyp, ein niedliches Petschaft und allerlei klimperkleine Niedlichkeiten für ihr Glasschränkchen« (*SK II 481*). Im Oktober 1846 schwenkte Laßberg, dem die Salms bis dahin immer »fatal« gewesen waren, plötzlich aus unerfindlichem Grund ins Gegenteil um: »Er läßt alles liegen und stehn, wenn sie kömmt, und nimmt sie dermaßen in Beschlag, daß ein anderer kaum mit ihr zu Worte kommen kann. Du kannst denken, wie froh ich darüber bin; jede Woche ein Tag des Verdrusses und der Peinlichkeit war mir eine greuliche Aussicht!« (*SK II 514*) So konnte sie während ihrer langen Bettlägerigkeit 1847 wenigstens ohne Bedenken den Besuch der Freundin genießen, die schließlich die einzige Fremde war, die Zutritt zu ihr erhielt (*SK II 525, 534*).

Während sie trotz der langjährigen treuen Besuche mit der Fürstin Salm, der eigentlichen Standesgenossin, nie ganz warm werden konnte, stellte sich zu Frau von Kessel, die mit ihren Töchtern ein Mädchenpensionat leitete, sehr rasch eine freundschaftliche Beziehung her. »Sie hat mir einen angenehm verständigen Eindruck gemacht« (*SK I 559*); besonders nahe kam man sich beim Erzählen von gruseligen Geschichten:

»Wir waren gestern recht munter zusammen und es wurden so viele Gespenstergeschichten erzählt, daß wir vor Grausen kaum nach Hause kommen konnten. Der Physikus war ungläubig und erzählte lauter Stückchen, die sich kahl auflösten, aber auch an sich unbedeutend waren, Kessels hingegen gaben die prächtigsten Beiträge, meistens aus eigner Erfahrung, daß einem die Haare zu Berge standen, sie haben unter anderm ein berüchtigtes Spukhaus bewohnt und sind so geplagt worden, daß sie nach drei Monaten ausziehen mußten. Ein anderes Mal waren sie lange zum Besuch in einem Schlosse, wo die Bewohner, besonders der Hausherr und seine Frau, häufig doppelt gesehn wurden und einem in den abgelegenen alten Gängen begegneten mit brennenden Lichtern in der Hand, während sie doch ganz ruhig in der Wohnstube saßen und lasen oder strickten. Ist das nicht schön?« (*SK II 4f.*)

Es stellte sich heraus, daß Frau von Kessel »die Stieftante von allen den Brentanos, [...] Bettina, Klemens et cet.« war; sie »hatte aber nichts von ihren Werken gelesen, weil sie sie noch nicht hatte bekommen können. Das sind auch ein paar von den Schriftstellern, die bei uns so großes Aufsehn machen und hier in Oberdeutschland so gut wie gar nicht bekannt sind« (*SK II 7*). Leider ging es mit dem Institut bergab: »Einige verwilderte und verwöhnte Kinder aus Konstanz, die zu Hause niemand mehr zwingen konnte, und von denen eines sogar aus dem Institut entlaufen ist, haben dieses in den Ruf gebracht, als lasse man die Kinder dort schrecklich hungern, und seitdem will niemand mehr daran.« (*SK II 26*) Bei ihrer Wiederkehr 1843 fand die Droste ihre Freundinnen und das Institut nicht mehr; es war nach Karlsruhe verlegt worden.

LOTTCHEN ITTNER

Die Tochter des 1825 verstorbenen Direktors des Badischen Seekreises, Josef Albrecht von Ittner[46], lebte zwar in Konstanz, und das bedeutete zu Annettes Zeiten eine gewaltige Trennung: »Das Dampfboot geht so unbequem, erst um zehn (oft elf) von hier, und um eins, wenn man grade zu Tische sitzt, schon wieder zurück. Ob es immer so ist oder nur in den kurzen Tagen, weiß ich nicht. Man muß also gleich die Nacht bleiben, im Gasthof oder einem fremden Hause, wovor man scheut.« (*SK II 7*) Doch schon während des ersten Meersburg-Aufenthalts berichtet die Droste, sie habe von Lottchen Ittner »zweiundzwanzig prächtige Kupferstiche geschenkt« erhalten (*SK II 37*), und 1844 schreibt sie:

»Meine Hauptliebschaft hier, Umgang kann ich es leider nicht nennen, da ich sie fast nie sehe, ist ein allerliebstes altes Jüngferchen in Konstanz, Fräulein Lottchen Ittner, Tochter eines Gelehrten, die Latein spricht wie Wasser, aber vor Blödigkeit fast ihr Schürzchen zerreißt, wenn man sie anredet, vom Vater Münzen, Kupferstiche et cet. geerbt und damit ihre Zimmerchen wie Puppenschränkchen ausgeziert hat. Man kann sie nicht ohne Rührung ansehn, sie hat ein Gesichtchen, worin die Güte förmlich festgetrocknet ist, und bringt ihre Zeit damit hin, Kranken oder sonst verlassenen alten Leuten vorzulesen – die Zeitungen, wenn's nicht anders sein kann, obwohl ihr diese in den Tod zuwider sind.« (*SK II 326*)

Auch später ist immer wieder von Geschenken für »das Löttle« die Rede, Grüße werden aufgetragen. Damit sei die Reihe der Einzelporträts abgeschlossen; sie sind oft, gerade dieses letzte, von hoher poetischer Kraft, und man kann sagen, daß die Droste ihre Umwelt in und mit ihren Briefen in eine literarische Welt, ein poetisches »Sittengemälde« erhoben hat, in dem sie sich selber »als ein altes, krankes, dickes Madämchen – was das Äußere anbelangt« (*SK II 287*) mitfigurieren ließ.

INSTITUTIONEN

Den Bürgermeister Honstetter nannte die Droste »einfältig«, weil er auf zwei Tresorscheinen (Überweisungen) die nötigen »Stempel (oder Siegel)« vergessen hatte und sie nun in Münster Schwierigkeiten hatte, an das in Meersburg eingezahlte Geld zu kommen (*SK II 439*). Auch gegen den Stadtrat wurde die Weinbergbesitzerin im Herbst 1846 so richtig zornig:

»Wir haben hier eine schöne Weinernte gehabt, hätten aber fast das Doppelte haben können. Der Stadtrat (selbst lauter Rebenbesitzer) hatte nämlich, aus übermäßiger Gierigkeit, um die Trauben zur möglichst höchsten Reife gelangen zu lassen, den Anfang der Lese fast um drei Wochen später als die Umgegend angesetzt, obwohl alle weißen Trauben schon überreif waren, und der erste Regentropfen sie zum Faulen bringen mußte. So sind hier die weißen Trauben fuderweis' verfault. Da wir nun keine eigene Kelter haben, mußten wir uns mit in diese Unvernunft schicken. Ich hatte zudem das Unglück, beim Ziehen der Nummern wie man nacheinander zum Keltern zugelassen wird, fast die letzte Nummer zu ziehen, bin somit noch über vierzehn Tage später als dieje-

Das »Fürstenhäusle« in den Reben, über dem See und vor der »Schwyz. Alp«. Bleistiftzeichnung von Leonhard Hohbach, 9. Mai 1846, Ausschnitt (Droste-Museum im Fürstenhäusle)

nigen, die den Anfang machten, und habe bedeutenden Schaden gelitten.« (*SK II 516f.*)

Leichter hatten die Meersburger ihr die Ersteigerung ihres Rebgütchens mit dem »Fürstenhäusle« gemacht: »Diese niedliche Miniaturbesitzung, die ihre Herren weit weg in Freiburg hatte, war jedermanns Augenmerk, und als sie zum Verkauf kam, strömten alle Honoratioren zu. Ich ging auch hin, warum weiß ich kaum; ich dachte wohl, es wäre hübsch, wenn ich es kaufen könnte, um es einstens, da es doch an Jennys Garten stößt, ihren Kindern zu hinterlassen; aber es fiel mir nicht ein, daß ich es könnte. So wie ich hereinkam, fragte mich einer

Annette
v. Droste-Hülshoff
1797–1848
Der Königin der deutschen
Dichterinnen gewidmet von
Freunden ihrer Muse 1898

der Honoratioren: ›Wollen Sie mitbieten?‹ Ich sagte: ›Vielleicht, je nachdem es fällt‹, worauf gleich mehrere der Herren fortgingen, auch mehrere der Bauern, und die andern blieben ruhig sitzen und boten nicht, außer einem Bauer, der auch bald stillschwieg, als ich ganz piano anfing gegen ihn zu bieten, und so wurde mir schon nach ein paar Minuten die ganze Geschichte für 400 Tlr. zugeschlagen. Was sagst Du dazu? Alle sagen, ich hätte lächerlich wohlfeil gekauft. Die Reben allein kosteten hier in *schlechter* Lage ebensoviel und in *guter* wenigstens das Doppelte, und das Haus hätte ich ganz umsonst.« (*SK II 263*)

In Meersburg gab es ein »Museum«, d.h. einen öffentlichen Lesesaal, »wo viele Zeitschriften gehalten werden« und wo Schücking bei seinem Meersburger Aufenthalt täglich hinging, »um au courant der Literatur und Politik zu bleiben« (*SK I 565*); zum Bedauern der Droste waren die Zeitschriften allerdings »nur süddeutsche und vom Auslande« (*SK I 574*). Nach Schückings Abreise und wohl auch später ging sie ebenfalls hin und hielt sich selber au courant, vornehmlich der Literatur und der Rezensionen, die sie zugleich eifrig las und zu verachten vorgab. Eine Leihbibliothek gab es nur in Konstanz (*SK II 269*); in der Dagobertsburg gab es jedoch Literatur in Menge, beschränkt allerdings auf die ältere deutsche Literatur, die Laßberg vor allem im Mittelalter und allenfalls bis Gellert schätzte: »Ich sitze wie eine Maus im Loche in meinem Turme und knuspere eine Nuß nach der andern aus Laßbergs Bibliothek, zuweilen mit recht saurer Schale, und auch der Kern erinnert mich oft an unsrer lieben Vorfahren rohe Eicheln, aber was tut man nicht der Ehre wegen!« (*SK II 248*)

Auch musikalisch war einiges geboten, nicht nur durch Chor und Orchester des noch heute als Aufbaugymnasium bestehenden »Seminars«: »Haben wir nicht eine Bürgermeisterstochter, die so gut Klavier spielt wie die Bornstedt? Und ein versoffenes Genie von Professor, eine Musiklehrerin im Institut und noch einen schöngeistigen hübschen Klaviermeister, der unsre Zwillinge C und Cis lehrt, die sie alle drei zehnmal in die Tasche stecken und besser spielen als jemand in Münster? Sie glauben nicht, wie ich mich hierüber gewundert und wie es meinen norddeutschen Stolz gedemütigt hat. Außerdem kommen alle Augenblicke steiermärkische et cet. Musikbanden, die Konzerte geben.« (*SK I 574*)

Im Dezember 1843 etablierte man sogar ein wöchentlich stattfindendes »Liebhaberkonzert«, zu dem man die ja selbst hochmusikalische, komponierende und (in diesen Jahren wohl nicht mehr) singende Droste höflichst einlud.

»Nun muß ich Dir noch sagen, daß wir jetzt hier ein brillantes Liebhabertheater haben und schon zweimal gespielt worden ist, zuerst um Neujahr der

Droste-Denkmal in Meersburg. 1993. Photographie Bernd Hoffmann

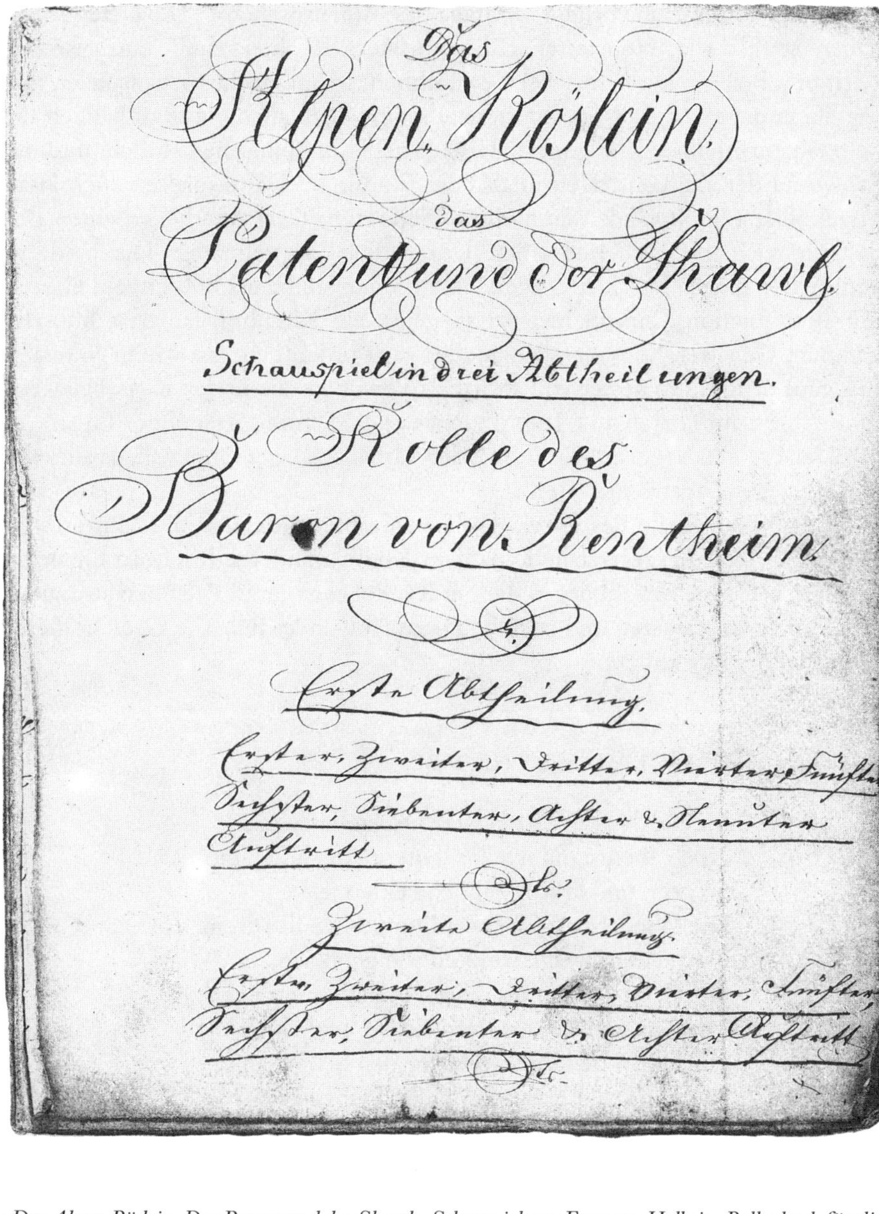
Das
Alpen Röslein
das
Patent und der Shawl.
Schauspiel in drei Abtheilungen.
Rolle des
Baron von Rentheim.

Erste Abtheilung.
Erster, Zweiter, Dritter, Vierter, Fünfter, Sechster, Siebenter, Achter & Neunter Auftritt

Zweite Abtheilung.
Erster, Zweiter, Dritter, Vierter, Fünfter, Sechster, Siebenter & Achter Auftritt

›Das Alpen-Röslein. Das Patent und der Shawl‹. Schauspiel von Franz v. Holbein. Rollenbuch für die Rolle des Baron von Rentheim. Stadtarchiv Meersburg. – Auf der gegenüberliegenden Seite: Das »Fürstenhäusle« von der Gartenseite. 1993. Photographie: Bernd Hoffmann

›Wildfang‹[47], dann am vorigen Montage das ›Alpenröschen‹[48]. Die ersten Liebhaber sind: Lina Honstetter (Bürgemeisters Tochter) und ein gewisser G[rimm]. Beide spielten mit viel Gewandtheit, wie gemachte Schauspieler, nur war sie in der zweiten Rolle gar zu naiv ... und doch auch etwas zu häßlich für »ein Alpenröslein«. Sehr gut [...] Herr [Stie]le, in komischen Rollen, und die Schwester der Zollkontrolleurin als böse Fra[u]. [...] Dann spielten noch Herr Vogel, zuerst als Invalide, dann einen [Se]kretär. [Der] Apotheker, einen Bedienten auch gut. Scheppe einen Unteroffizier mittelmäßig. Die [andern] kennst Du, glaube ich, nicht. Die Dekorationen sind ganz hübsch, ein Garten mit Illum[ination], eine Schweizer Gegend, ein Kirchhof, ein paar hübsche Zimmer, Gewitter, Sonnenaufgang, alles ganz ordentlich, fast wie in Münster. Ein ganz artiges Orchester von sechzehn Personen, die in den Zwischenakten Ouvertüren aufführten aus ›Jean de Paris‹, der ›Schweizerfamilie‹, ›Figaro‹ et cet. Der Preis 24 Kreuzer. Das Lokal, der Rathaussaal, gedrängt voll, da alles aus der Umgegend zuströmte.« (*SK II 6*)

Ich habe die Stelle des durch Abriß verderbten Briefs an die Mutter vom 26. Januar 1842 hergesetzt und aus dem Kontext anderer Briefe zu ergänzen gesucht, weil eine Anzahl der in diesem Kapitel genannten Personen als Laienschauspieler mitwirkten und weil die Droste folgendes hübsche Gedicht dieser Unternehmung widmete:

DAS LIEBHABERTHEATER

Meinst du, wir hätten jetzt Decemberschnee?
Noch eben stand ich vor dem schönsten Hain,
So grün und kräftig sah ich keinen je.
Die Windsbraut fuhr, der Donner knallte drein,
Und seine Zweige trotzten wie gegossen,
Gleich an des Parkes Thor ein Häuschen stand,
Mit Kränzen war geschmückt die schlichte Wand,
Die haben nicht gezittert vor den Schlossen,
Das nenn' ich Kränze doch und einen Hain:

Und denkst du wohl, wir hätten finstre Nacht?
Des Morgens Gluten wallten eben noch,
Rothglühend, wie des Lavastromes Macht
Hernieder knistert von Vesuves Joch;
Nie sah so prächtig man Auroren ziehen!

An unsre Augen schlugen wir die Hand,
Und dachten schier, der Felsen steh' in Brand,
Die Hirten sahn wir wie Dämone glühen;
Das nenn' ich einen Sonnenaufgang doch!

Und sprichst du unsres Landes Nymphen Hohn?
Noch eben schlüpfte durch des Forstes Hau
Ein Mädchen, voll und sinnig wie der Mohn,
Gewiß, sie war die allerschönste Frau!
Ihr weißes Händchen hielt den blanken Spaten,
Der kleine Fuß, in Zwickelstrumpf und Schuh,
Hob sich so schwebend, trat so zierlich zu,
Und hör', ich will es dir nur gleich verrathen,
Der schönen Clara glich sie ganz genau.

Und sagst du, diese habe mein gelacht?
O hättest du sie heute nur gesehn,
Wie schlau sie meine Blicke hat bewacht,
Wie zärtlich konnte ihre Augen drehn,
Und welche süße Worte ihr entquollen!
Recht wo ich stand, dorthin hat sie geweint:
»Mein theures Herz, mein Leben, einz'ger Freund!«
Das schien ihr von den Lippen nur zu rollen.
War das nicht richtig angebracht, und schön?

Doch Eins nur, Eines noch verhehlt' ich dir,
Und fürchte sehr, es trage wenig ein;
Der Wald war brettern und der Kranz Papier,
Das Morgenroth Bengalens Feuerschein,
Und als sie ließ so süße Worte wandern,
Ach, ob sie gleich dabei mich angeblickt,
Der dicht an das Orchester war gerückt,
Doch fürcht' ich fast, sie galten einem Andern!
Was meinst du, sollte das wohl möglich seyn?

(D-HKA I 158f.)

Im Mai 1842 mußte Annette jedoch berichten: »Unser Liebhabertheater hat um Ostern seine letzte Darstellung, den ›Till Eulenspiegel‹[49], gegeben, wo Herr Grimm zum letzten Male als Till alle Herzen bezaubert, dann Jennyn seine Nachtigall verkauft hat und am folgenden Tage auf den Tränen aller Meersburgerinnen nach Karlsruhe geschwommen ist, wo ihn weniger Ruhm, aber ein hübsches Ämtchen erwartet, was er leider keine unserer schönen Damen eingeladen hat mit ihm zu genießen.« (*SK II 35f.*) Dann aber, am 29. Februar 1844, hat die Droste eine kleine Sensation zu melden:

»Meersburg fängt übrigens seit kurzem an sich herauszumachen; wir haben ein Theater, und – denken Sie! – ein *sehr gutes*. Das Lokal ist allerdings lächerlich elend, eine große Tanzstube im ›Wilden Manne‹ – Levin kennt ihn, dem Schiffe gegenüber – wo die Schauspieler zwei Fuß über dem Boden agieren und doch mit den Federbüschen die Decke fegen; aber die zwölf Mann starke Truppe ist wirklich gut, und im Lustspiel sogar vorzüglich. Der Direktor, Herr Wurschbauer, ein Schauspieler von Ruf, früher verhätscheltes Mitglied eines bedeutenden Theaters – ich meine in Dresden – dem's aber wie der Geiß ›zu wohl im Stalle‹ geworden ist, und der jetzt mit seiner Familie und einigen andern gleich freiheitsdürstenden Freunden zur Abwechslung mal eine Art Vagabundenleben versucht. Ich denke, es wird nicht lange währen, so haben sie es satt; die besseren kriechen wieder bei ordentlichen Theatern unter, und die andern kommen auch schon fort; denn entschieden schlecht spielt keiner. Gestern gaben sie den ›Heuratsantrag auf Helgoland‹, ganz vortrefflich. Ihre Garderobe ist noch gut, die Dekorationen nicht störend, und sie beschränken sich auf kleine Stücke. So habe ich seltsamerweise Gelegenheit, wöchentlich dreimal für vierundzwanzig Kreuzer einen Komiker zu sehn, bei dessen Auftreten noch vor drei Jahren in Dresden die Preise erhöht wurden.« (*SK II 290*)[50]

Nicht nur die Menschen in Meersburg wurden der Droste zu literarischen Figuren, auch das Land und den See erfuhr sie als Dichtung. Ganz anders als die westfälische Heimat übertrug sie sie in poetische Bilder, die sie zugleich »romantisch« und der modernen Zeit entrückt auf einem tiefen Grund oder im Innersten der Zeiten und Räume erscheinen ließen. Wie sie in dem Bodensee-Gedicht ›Am Thurme‹ sich vorstellt, in die Wellen zu springen und zu »jagen durch den korallenen Wald Das Wallroß, die lustige Beute«, wie also im biederen Bodensee-Gewässer Südsee und Polarmeer zusammentreffen, so ist diese Gegend ein Phantasieraum der Zeittiefe einerseits, der exotischen Mischung andererseits; die Droste, weit raffinierter als die in Exotismen oder historischen Fernen schwelgenden Zeitgenossen, inszeniert in ihren Briefen und von da aus in einigen ihrer Gedichte den hiesigen, sie umgebenden Lebensraum als fremd, wunderbar, zeitfern, poetisch:

»Die alte Burg und der See fallen mir doch hundertmal ein, wenn ich die Regentropfen so an den trüben Scheiben niederrinnen sehe und denke, wie farbig, winterklar und poetisch dort alles war. Wohl, wohl war es eine schöne Zeit! Und so alles zusammen: die himmlische Gegend, die fast fabelhafte Burg, und drinnen die ›fruchtbringende Gesellschaft‹, der alte Ritter, Sie und ich. Es waren die schönen Tage von Aranjuez; habe ich Ihnen nicht immer gesagt, Sie seien sich des traumartigen Glücks Ihrer Lage nicht halb bewußt?« (*SK II 103f.*)

Schücking, der aus Meersburg Geflohene, mußte sich das sagen lassen. Dabei war er es, in dessen Erleben die Droste erstmals das Romantische der Zeit- und Raumtiefe und der fernen Bergeshöhe formulierte:

»Die vielen seltenen Bücher machen ihm auch große Freude (da Laßberg es gar nicht so genau nimmt, wenn er auch täglich einige Stunden liest, statt zu arbeiten), und die Gegend, der Bodensee, die Alpen, die alte Burg mit ihren Türmen, Wendelstiegen, ganzen Reihen von unterirdischen Gefängnisgewölben, wo die Gefangenen ihre Namen und alte Sprüche mit spitzen Steinen in die Felswand gekratzt haben, und nicht weniger als fünf verfallenen Gängen in dem Berg, deren Ausgang uns unbekannt ist, haben ihm einen unbeschreiblichen

Auf den folgenden Seiten: Aus Gustav Schwab, Der Bodensee nebst dem Rheinthale von S. Luziensteig bis Rheinegg. Handbuch für Reisende und Freunde der Natur, Geschichte und Poesie. Stuttgart, Tübingen: Cotta 1827. Eine der eingefalteten Karten zeigt den »Bodensee mit seiner Umgegend«, den Blick vom Konstanzer Dom und Konstanz' Hafen, entworfen und von Hand gezeichnet v. V. Weiß, revidiert von Hoffmann, 1827. – Im Konstanzer Hafen vermutlich das badische Dampfboot ›Max Joseph‹

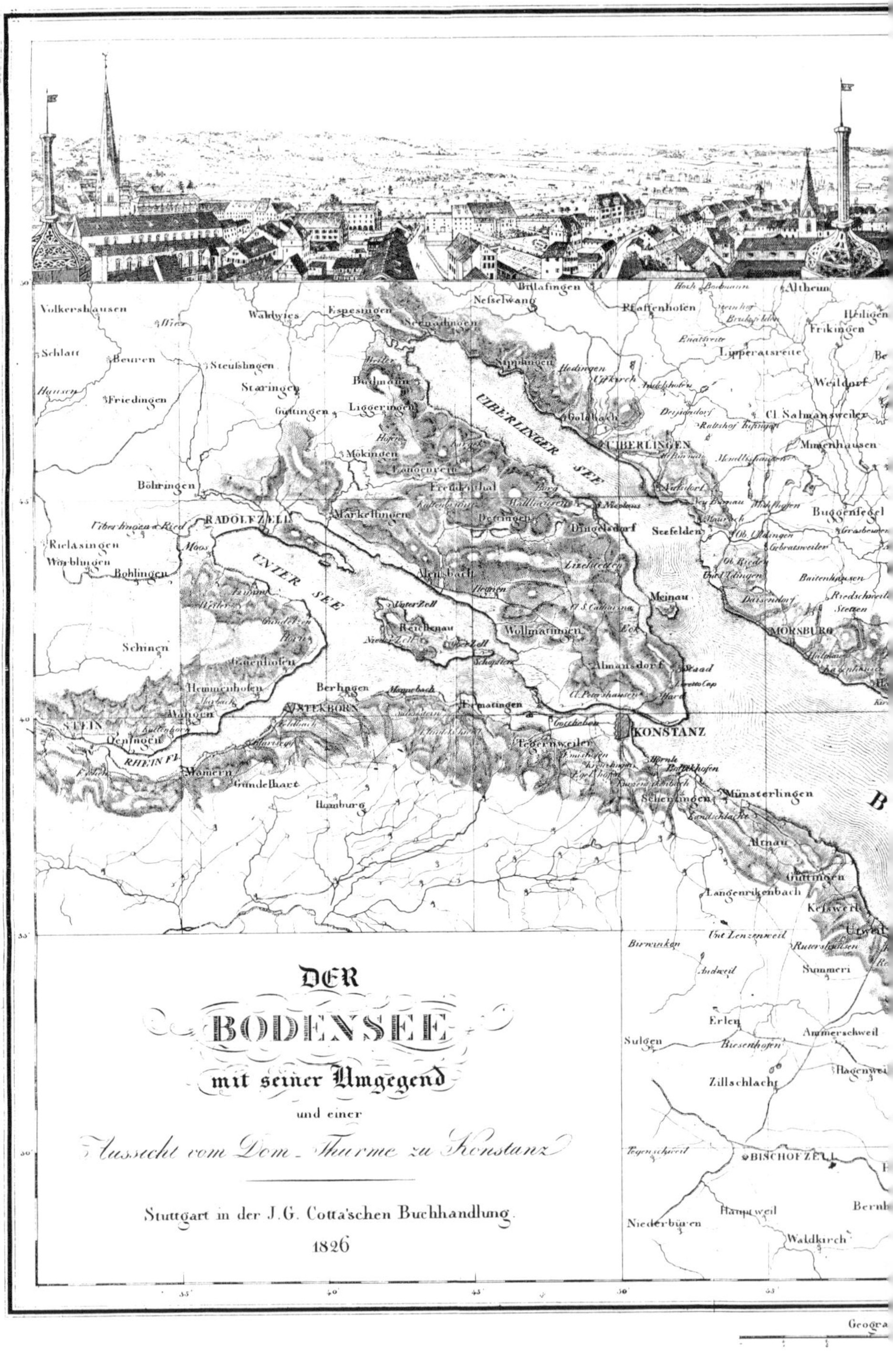
DER
BODENSEE
mit seiner Umgegend
und einer
Aussicht vom Dom-Thurme zu Konstanz
Stuttgart in der J.G. Cotta'schen Buchhandlung
1826
UIBERLINGER SEE
UNTER SEE
KONSTANZ
RADOLFZELL
UIBERLINGEN
MORSBURG
BISCHOFZELL
STEIN
RHEIN Fl.
Meinau
Reichenau
Münsterlingen
Ermatingen
Tegernweiler
Dingelsdorf
Wollmatingen
Allensbach
Markellingen
Mimmenhausen
Seefelden
Buggensegel
Altnau
Güttingen
Kessweil
Langenrikenbach
Summeri
Erlen
Sulgen
Zillschlacht
Niederbüren
Hauptweil
Waldkirch
Bernh
Schingen
Böhringen
Volkershausen
Schlatt
Beuren
Friedingen
Steufslingen
Staringen
Guttingen
Liggeringen
Bodmann
Mökingen
Espesingen
Nesselwang
Billafingen
Pfaffenhofen
Altheim
Frikingen
Weildorf
Lipperatsreite
Cl. Salmansweiler
Goldbach
Sipplingen
Rielasingen
Worblingen
Bohlingen
Berlingen
Steckborn
Mammern
Gundelhart
Homburg
Oeningen
Wangen
Hemmenhofen
Gaienhofen
Almansdorf
Schenkingen
Geogra

Bettenbronn
Homberg
Deggenhausen
Winterbach
Limbach
Roggenbeuren
Unt. Sikingen
Urnau
Eggartskirch
Phaldorf
Grünkraut
Bermatingen
Heppach
Ob. Thuringen
MARKDORF
Berghem
Ettenkirch
Brochenzell
Bodnegg
Amtzell
Pfärrich
Riedheim
Klufftern
Ob. Altingen
Hirschlatt
Kehlen
Haslach
Niederwangen
Kippenhausen
Fischbach
TETTNANG
Immenstaad
Mannzell
Cl. Löwenthal
FRIEDRICHSHAFEN
Wildpertschweiler
Königl. Schloss
Lemnau
Eriskirch
Roggenzell
Siberatsweiller
Hiltenschweiler
Langenargen
O
D
E
N
S
E
E
1175 4 F. über d. M.
Romanshorn
Wasserburg
Hörbranz
LINDAU
Neukirch
ARBON
Rohrspitze
Steinach
BREGENZ
Roggweil
Tübach
Haard
Fussach
RORSCHACH
Lauterach
Unt. Goldbach
Untereggen
Gaissau
Rheineck
St. Johann Höchst
Wolfurth
Berg
5
10
15
20
25

Meilen.

Eindruck gemacht. Wir hatten anfangs alle Mühe, ihn von Unternehmungen auf die Berggänge (die bis unter den Spiegel des Bodensees führen sollen) abzuhalten, seit er aber eins der Löcher mit einem Steinwurfe sondiert und erst auf Turmtiefe Grund gefunden hat, ist ihm die Lust vergangen, und er will, wie er sagt, seinen besten und einzigen Hals doch lieber nicht riskieren. Am Strande spaziert er aber täglich eine Stunde und freut sich wie ein Kind, wenn die Wellen ihm entgegenbranden und spritzen und über dicken hohen Wolkenschichten die Kuppen der Alpen wie Ossians Geister hervorschaun.« (*SK I 565*)

In diese durch Ossian, den irischen Barden, geheiligte Landschaft gelangte man wie im Märchen nur durch Überwindung großer Gefahr und Hindernisse, z.B. durch eine nächtliche schlaflose Eilwagenfahrt über den Schwarzwald, wo immer wieder »die Pferde an einem steilen Hange fast hintenüber schlugen, nicht mehr vorankonnten und der Wagen einige Male um mehrere Schritte zurückrollte« (*SK II 511f.*). Auch die Reise aus diesem literarischen Raum ist nicht nur höchst beschwerlich – zwei Tage und zwei Nächte in der rüttelnden Kutsche, bis man morgens um elf in Heidelberg ankommt. Und dann folgt noch die ungeheuerliche Zeitreise in die moderne Welt: »... stiegen gleich am Eisenbahnbüro ab, fuhren mit diesem heulenden Ungeheuer in einer halben Stunde die sechs Stunden nach Mannheim, von dort gleich aufs Dampfboot, was uns abends endlich nach Mainz und dort nach zwei Nächten zuerst wieder in ein Bett brachte.« (*SK II 49*) Die moderne Welt mag zuerst beängstigen, aber beim zweiten Mal wird sie langweilig:

»Am andern Morgen kamen wir etwa eine halbe Stunde vor Abgang der Eisenbahn in Offenburg an. Die Eisenbahn machte uns dieses Mal gar keinen ängstlichen oder seltsamen Eindruck mehr, aber einen höchst langweiligen, ganz als wenn man auf schlechten Wegen langsam voranzuckelt, überall aufgehalten wird und gar nicht vorankömmt. Auf *dieser* Bahn müssen nämlich die Schienen nicht gut gelegt sein; sie stößt bedeutend, und das ewige Anhalten bei den Stationen erhöht noch den Eindruck von schlechten Wegen und Langsamkeit, obwohl es pfeilschnell geht und wir nur etwa fünf Stunden bis Mannheim brauchten.« (*SK II 339*)

Das Zeiterlebnis auf der alten Burg ist dagegen das des Stillstandes. 1843 nach einem Jahr zurückgekehrt, stellt die Droste fest: »Freilich ist auch manches ge-

Auf der gegenüberliegenden Seite: Das Grab der Annette auf dem Meersburger Friedhof. 1993. Photographie: Bernd Hoffmann

Ehre dem Herrn

blieben; vor allem heimelte mich das Speisezimmer an, alles als wär's gestern: das kleine Kanapee am Ofen, unter dem die Lachtauben gurren, das Klavier, ganz mit denselben Notenblättern, die ein Jahr Rast gehalten, Laßbergs Noli-me-tangere-Winkel, die alte Uhr auf dem Schreibtische, die immer zwölf schlägt. Dort ist die Zeit ebenso unbegreiflich stillgestanden, wie sie anderwärts unbegreiflich gerannt ist.« (*SK II 245*)

Mit welcher Absolutheit sie dieses Hinabsinken, vorbei am romantisch Vergangenen, in die Zeittiefe, gleichsam den Ursprung erfuhr, zeigt folgende Stelle: »Mein Turm ist köstlich, d. h. meinem Geschmacke nach: einsam, graulich; heimliche Stiegen in den Mauern; Fensterscheiben mit Sprüchen von Gefangenen eingeschnitten; eine eiserne Tür, die zu Gewölben führt, wo es nachts klirrt und rasselt; und nun drinnen mein lieber, warmer Ofen, mein guter, großer Tisch mit allem darauf, was mein Herz verlangt, Bücher, Schreibereien, Mineralien, und als Hospitant mein klein Kanarienvögelchen, das mir aus der Hand frißt und die Federn verschleppt. Oh, es ist ein prächtiges Ding, der runde Turm; ich sitze darin wie ein Vogel im Ei, und mit viel weniger Lust herauszukommen.« (*SK II 289f.*)

Nicht nur »Meersburg mit all seiner feenhaften Romantik«, wie Adele Schopenhauer, die Freundin der Droste, gesagt hatte (*SK II 108*), ergriff die Droste poetisch; einen Höhepunkt romantischer Gegenwart bescherte ihr Laßberg durch eine Fahrt nach Langenargen, wo man die Ruine des aus dem 17. Jahrhundert stammenden Wasserschlosses besichtigte (1861/62 durch ein Schloß im maurischen Stil ersetzt):

»Einige Tage später fuhren wir über Friedrichshafen nach Langenargen, acht Stunden von Meersburg, dieses Mal Jenny mit. Wie habe ich da an Dich gedacht, altes Herz, wie hundertmal habe ich Dich hergewünscht! Da hättest Du erst erfahren, was ein echt romantischer Punkt am Bodensee ist. Von so etwas habe ich durch *hier* noch gar nicht mal eine Idee erhalten. Denk Dir den See wenigstens dreimal so breit wie bei Meersburg, ein ordentliches Meer, so breit, daß selbst ein scharfes Auge, Laßberg z. B., von jenseits nichts erkennen kann als die Alpen, die nach ihrer ganzen Länge, sogar die Jungfrau mit, in einer durchaus neuen und pittoresken Gruppierung wie aus dem Spiegel auftauchen. Du sitzest auf dem sehr schönen Balkone eines stattlichen Hauses – früher Kloster, jetzt Gasthof – hinter Dir die Flügeltüren des ehemaligen Refektoriums geöffnet, was seiner ganzen Länge nach mit den lebensgroßen Bildern der alten Grafen von Montfort, in schweren goldenen Rahmen, wie getäfelt ist; unter Dir, über ein Stückchen flachen Strandes weg, die endlose Wasserfläche, wo Du 10 bis 12 Kähne und Fahrzeuge zugleich segeln siehst, denn hier ist die Fahrt anders belebt wie bei Meersburg; links der sehr reiche und städtisch elegante Marktflecken; tief im See ein Badehaus, zu dem ein äußerst zierlicher schmaler Steg führt, der sich im Wasser spiegelt, und gleich dahinter ein Seebusen voll Segel und Masten, ganz wie ein Hafen, aber ohne das unangenehme Gemäuer; und endlich rechts, nicht zweihundert Schritte vom Gasthofe, der Hauptpunkt, die herrliche Ruine Montfort auf einer Landzunge, die schönste, die ich je gesehn habe, mit drei Toren, zackichten Zinnen und einer dreifachen Reihe durch ihre Höhe und Tiefe ordentlich imponierender Fensternischen, in denen die herrlichste Stuckaturarbeit dem Winde und Regen noch zum Teil widerstanden hat und man sie so mit einem Male, über die Nischen streifend, wie eine grandiose Stickerei übersehen kann. Die Ruine ist als solche noch nicht alt, obwohl sonst ein sehr altes Gebäude. Vor fünfzig Jahren wohnte noch ein Schaffner darin; dann ward das Schloß zum Abbruch verkauft, und nachdem das Dach und die innern Mauern niedergerissen waren, kam ein Befehl von Stuttgart – es ist württembergische Domäne – damit innezuhalten. Seitdem steht es nun in seiner verfallenden Pracht und läßt sich nach und nach von den Wellen unterminieren, die schon viele Fuß tief in die Mauern gewühlt haben und, wenn man drinnen ist, wie unterirdisch brausen, weshalb auch ein Anschlag vor dem Hineingehen als gefährlich warnt; man tut's aber doch. Jetzt hat sich ein armer Blumenhändler mit Frau und Kind dort angesiedelt; in der notdürftig hergestellten Pförtnerstube unter dem Torgewölbe hockt die Familie zusammen; auf den Mauern und Basteien, wo nur ein Fleckchen Erde ist, steht alles voll Blumen in Beeten und Töpfen; aus einem der Kellerlöcher meckert eine Ziege, und ein halbes Dutzend weißer Kaninchen schlüpft zu den untern Fensternischen aus und ein. Du kannst Dir das Malerische des Ganzen nicht denken; es ist so romantisch, daß man es in einem Romane nicht brauchen könnte, weil es gar zu romanhaft klänge, und ein fremder Kaufmann, den wir gestern beim Figel trafen, und der grades Weges aus dem südlichen Frankreich durch Italien und in letzter Station von Langenargen kam, war ganz entzückt davon und sagte, er könne es nur den schönstenen Aussichten bei Genua und Neapel vergleichen.« (*SK II 20f.*)

Die Landschaft am See erlebte sie nicht nur immer wieder neu als »eine schöne, schöne Gegend« (*SK II 246*), sondern auch in einer befremdlichen, ja erhaben bedrohlichen Urtümlichkeit, gegen die sie sich nur mit Humor und Selbstironie behaupten konnte:

»Ich habe auf unserm Kiesgrund noch schöne, schöne Dinge gesehn, und das Herz hat mir ordentlich geblutet, daß Sie nicht da waren – zweimal ein Alpenglühen, wogegen das frühere gar nicht in Betracht kam, die ganze Alpenkette wie rotes Eisen und sonst noch prächtige mir ganz fremde Beleuchtungen, z.B.

einmal die Kuppen der Berge ganz dunkelviolett, der Fuß ebenfalls, und um die Mitte ein breiter Wolkengürtel, in dem das Abendrot den brennendsten Purpur widerstrahlte, und der wie ein Lavastrom in allen Tinten wallte, es war unbeschreiblich schön und fremdartig!

Auch der See hat noch ein paarmal sein Bestes getan an Grüne und Schmelz, und einen Sturm habe ich erlebt, oh, einen Großpapa aller Stürme, und habe Gott gedankt, daß ich ihn allein überstehn mußte. Es war in der zweiten Woche nach Ihrer Abreise, ich hatte einen langen Spaziergang weit über Haltenau hinaus gemacht und mich eben zum Rückwege gewendet, als ein wahres Teufelswetter losbrach, ohne Regen, nur Sturm, aber um Berge zu versetzen. Bei jedem Ruck faßte er mein dickes wattiertes Kleid und wollte mich über die Mauer reißen, so daß ich gleich bergan in die Reben flüchten mußte, wo ich mich kümmerlich an den Pfählen fortlavierte bis Haltenau, und dort wie ein verunglückter Luftballon ins Haus mehr plumpste als flatterte, nämlich mit halbem Überstürzen, was sich wahrscheinlich eher mitleidswert als graziös mag ausgenommen haben. Die dicke Rebfrau konnte auch mit ihren ›B'hütis Gott! b'hütis Gott!‹ gar nicht aufhören und meinte, sie würde jetzt um fünf Gulden nicht über die Mauer nach Meersburg gehn. Was half das alles? Ich mußte doch nach Hause, obwohl das Wüten draußen mit jeder Minute ärger wurde. So ging ich wieder los und versuchte als letzten Ausweg, mich gleich den Berg hinauf zu arbeiten, wo ich schlimmstenfalls doch nur bis in die nächsten Rebpfähle geschleudert werden konnte – freilich, wenn's mit Vehemenz geschah, immer gefährlich genug, und zudem hätte ich, wie Sie wissen, Klippenwände passieren müssen. Vielleicht war's gut, daß der Versuch mißlang, es war keine Möglichkeit, bei jedem Schritt höher konnte mich der Wind derber packen, ich mußte mehr kriechen als gehn und bei jedem Ruck niederhocken, um nicht weggerissen zu werden, also wieder bergab! Doch blieb ich zwischen den Reben, etwa dreißig Fuß über dem Mauerwege. Es war eine greuliche Arbeit; ich habe über eine Stunde gebraucht; die meiste Zeit saß ich in einem Klümpchen dicht zusammen und wartete die Pausen der Stöße ab, um dann zehn oder zwölf Schritte voran zu arbeiten.

Was wir zusammen erlebt haben, kann Ihnen nicht mal einen schwachen Begriff davon geben, aber der See war unbeschreiblich schön, so durchsichtig und in allen Farben wechselnd, wie ich davon vorher keinen Begriff gehabt. Die Sonne warf durch Wolkenlücken ein prächtiges falsches Licht darauf, und ich wurde fast geblendet durch das Blitzen der Springwellen, die unter mir wie eine endlose Reihe Fontänen aufstiegen, und zwar nicht, wie wir es kennen, nur diesseits der Mauer, sondern wenigstens vierzig Fuß höher, weit über mir und meinen Rebstöcken, niederplatschten, so daß ich nach ein paar Minuten keinen trocknen Faden mehr am Leibe und mein Rock sich in einen gefüllten Schwamm verwandelt hatte, der mich niederzog wie Blei. Ich kann Ihnen sagen, Elise, daß ich froh war, als ich das Tor über mir und meine bedenkliche Fahrt sich in eine klatrige durch die Unterstadt verwandelt hatte. Noch einmal hatte ich einen schweren Stand, die Stiegen hinauf, wo der Wind wieder alle Macht hatte, und besonders auf der langen, schmalen Brücke über den Mühlrädern, wo ich einmal keinen andern Rat wußte, als mich platt hinzuwerfen, und doch wohl herabgeweht wäre, wenn nicht der Müller, der auch grad genötigt war die Brükke zu passieren, mich am Boden festgehalten und dann auch die letzte Stiege hinaufgeleitet hätte. Als ich ins Schloß kam, schnatternd und einen nassen Streifen hinter mir lassend wie ein geschwemmter Hund, ward ich auch empfangen wie ein armer Hund. Es mißlang mir, in mein Zimmer zu schlüpfen, Laßberg stand zufällig im oberen Flur und erhob ein solches Geschrei: ›Um Gottes willen! Wo kommen Sie her! Was haben Sie gemacht! Was denken Sie auch!‹, daß ich gleich auf eine sehr unerwünschte Weise en famille geriet. Mama war anfangs wirklich böse, glaubte mir aber doch sogleich, daß ich bei ganz leidlichem spazierfähigem Wetter ausgegangen sei. Laßbergen konnte ich mich nicht begreiflich machen, er war tauber wie gewöhnlich, und ich habe ihn mitten in seinen Exklamationen über meine Unvernunft müssen stehn lassen, denn mich fror erbärmlich. Jenny sagte nichts, aber sie bestellte sogleich einen heißen Krug und Tee, nahm mich dann beim Arm und brachte mich in meinem Zimmer zu Bette. Meinen dicken Rock habe ich acht Tage lang nicht anziehn können, solange hat er auf dem Boden trocknen müssen. Da mir das Abenteuer nicht geschadet hat, ist's mir doch lieb, den See einmal in seiner tollsten Laune gesehn zu haben, um so mehr, da es nur für einmal im Leben ist, denn ein anderes Mal werde ich mich hüten! Ich mag die Lachsforellen und Gangfische viel lieber essen, als von ihnen gegessen zu werden, und es würde mir sogar nur wenig Trost bringen, wenn statt ihrer meine Lieblinge, die Möwen, mich aufpickten.« (*SK II 229–31*)

Daß zwischen den Dichtungen der Droste und solchen poetischen Beschreibungen in ihren Briefen – und das heißt wohl, in ihrer literarischen Transformation der Landschaft, Bauwerke und Menschen der Welt am Bodensee – kaum ein Unterschied besteht, daß zwischen literarischem Brief und lokalisierbarem Landschaftsgedicht nur eine schmale Trennlinie gezogen ist, möge das folgende Gedicht aus Meersburg 1843/44 zeigen:

MONDESAUFGANG

An des Balkones Gitter lehnte ich
Und wartete, du mildes Licht, auf dich;
Hoch über mir, gleich trübem Eiskrystalle,
Zerschmolzen, schwamm des Firmamentes Halle,
Der See verschimmerte mit leisem Dehnen,
– Zerflossne Perlen oder Wolkenthränen? –
Es rieselte, es dämmerte um mich,
Ich wartete, du mildes Licht, auf dich!

Hoch stand ich, neben mir der Linden Kamm,
Tief unter mir Gezweige, Ast und Stamm,
Im Laube summte der Phalänen Reigen,
Die Feuerfliege sah ich glimmend steigen;
Und Blüthen taumelten wie halb entschlafen;
Mir war, als treibe hier ein Herz zum Hafen,
Ein Herz, das übervoll von Glück und Leid,
Und Bildern seliger Vergangenheit.

Das Dunkel stieg, die Schatten drangen ein, –
Wo weilst du, weilst du denn, mein milder Schein! –
Sie drangen ein, wie sündige Gedanken,
Des Firmamentes Woge schien zu schwanken,
Verzittert war der Feuerfliege Funken,
Längst die Phaläne an den Grund gesunken,
Nur Bergeshäupter standen hart und nah,
Ein düstrer Richterkreis, im Düster da.

Und Zweige zischelten an meinem Fuß,
Wie Warnungsflüstern oder Todesgruß,
Ein Summen stieg im weiten Wasserthale
Wie Volksgemurmel vor dem Tribunale;
Mir war, als müsse Etwas Rechnung geben,
Als stehe zagend ein verlornes Leben,
Als stehe ein verkümmert Herz allein,
Einsam mit seiner Schuld und seiner Pein.

Da auf die Wellen sank ein Silberflor,
Und langsam stiegst du, frommes Licht, empor;

Der Alpen finstre Stirnen strichst du leise,
Und aus den Richtern wurden sanfte Greise,
Der Wellen Zucken ward ein lächelnd Winken,
An jedem Zweige sah ich Tropfen blinken,
Und jeder Tropfen schien ein Kämmerlein,
Drin flimmerte der Heimathlampe Schein.

O Mond, du bist mir wie ein später Freund,
Der seine Jugend dem Verarmten eint,
Um seine sterbenden Erinnerungen
Des Lebens zarten Widerschein geschlungen,
Bist keine Sonne, die entzückt und blendet,
In Feuerströmen lebt, in Blute endet, –
Bist, was dem kranken Sänger sein Gedicht,
Ein fremdes, aber o ein mildes Licht!

(D-HKA I 354f.)

Auch der Erwerb des Fürstenhäusles oberhalb Meersburgs im November 1843, in dem heute das Droste-Museum untergebracht ist, brachte ihr nicht nur das Gefühl, eine »grandiose Gutsbesitzerin« zu sein, sondern auch gleich wieder eine literarische Selbsterfahrung:

»Mir ist's aber fast zuviel und zauberhaft, und wie ich so droben die ganze Gegend kontrollieren kann, jeden Bürger, der auf die Gasse oder auch nur ans Fenster, jeden Bauern, der in seinen Hofraum tritt, so komme ich mir vor wie der Student von Salamanka, dem der hinkende Teufel die Hausdächer abgehoben hat, und mir ist beinahe sündlich zumute.« (*SK II 234*)

Trotz des sündlichen Gefühls wird sie wie der Student in Lesages Roman mit ihrem langen Perspektiv, das noch heute im Museum zu sehen ist, recht genau den Meersburgern in die Suppentöpfe geschaut haben. Allerdings hat sie nie Zeit und Kraft gefunden, die Umbaupläne für das Häuschen, die sie der Freundin Elise Rüdiger so genau vormalte, noch durchzuführen: Mitte 1846 waren hinter den geschlossenen Läden immer noch nicht alle Fenster eingesetzt, »Mein gutes Häuschen« unbewohnt (*SK II 487*). Aber auch in ihrem Bewußtsein schwand endlich die Poesie der Landschaft und wich dem ökonomischen Denken der Rebbergbesitzerin: stolz berechnete sie den Gewinn, den ihr das Gütchen in der besten Lage abwarf. Das mag aber nur Schutz und Vorkehrung gegen die übermächtig in ihr arbeitende Überreizung der Vorstellungen gewesen sein, unter der sie in ihren letzten Jahren zu leiden hatte:

Blick über den See. Photographie Risch-Lau, Bregenz. Stadtarchiv Meersburg (6.16.1.8)

»Überhaupt langweile ich mich gar nicht; meine Phantasie arbeitet nur zu sehr, und ich muß aus allen Kräften dagegen ankämpfen. Jede etwas unebene Stelle an der Wand, ja jede Falte im Kissen, bildet sich mir gleich zu, mitunter recht schönen, Gruppen aus, und jedes zufällig gesprochene etwas ungewöhnliche Wort steht gleich als Titel eines Romans oder einer Novelle vor mir, mit allen Hauptmomenten der Begebenheit. Sie sehn, wie überreizt ich noch bin. Gott! dürfte ich jetzt schreiben (d.h. diktieren), wie leicht würde es mir werden!« (*SK II 525*)

So schrieb sie im Februar 1847, etwas mehr als ein Jahr vor ihrem Tod. Man sieht: die in der Bodenseelandschaft geübte Fähigkeit, die Dinge und Menschen ihrer Umgebung gleichsam augenblicklich in Dichtung zu steigern oder auch sich selbst in einer literarisch-poetischen Welt zu erfahren, hat sie unter der Macht ihrer Krankheit am Ende überwältigt; sie mußte sich davor in acht nehmen. So ist es nicht ohne Konsequenz, daß sie in diese Landschaft, die sie von Beginn vorzüglich als poetische Landschaft erfuhr, am Ende eingegangen ist. Man begrub sie auf dem Friedhof oberhalb von Meersburg. Ihr Sterbezimmer und das Arbeitszimmer sind noch heute in der Droste-Gedenkstätte in der Meersburg zu besichtigen.

Anmerkungen

[1] Die Briefe der Annette von Droste-Hülshoff, hrsg. v. Karl Schulte Kemminghausen, 2 Bde. Jena 1944 (künftig SK mit Band- und Seitenzahl). [2] Ehemals Villa Douglas, heute Gelände der Schmiederschen Kliniken, vgl. Ulf Küster, P.R. Zander ter Maat, Dagmar Schmieder-Friedrich, Pause am See. Vom Rebgut zur Reha-Klinik in Konstanz, Konstanz 1993. Vielleicht stellte sie die Arbeit auch erst 1844 für Emma Gaugreben her, vgl. SK II 298. [3] Annette von Droste-Hülshoff, Historisch-kritische Ausgabe hrsg. von Winfried Woesler, Tübingen 1985ff. (künftig D-HKA mit Band- und Seitenzahl). Die Bildvorlage der Droste findet sich auf dem Umschlag dieses Bandes reproduziert; die Ausschneidearbeit ist auf S. 83 des in Anm. 40 genannten Büchleins ›Annette und das Geld‹ abgebildet.. [4] Bernd Kortländer, Annette von Droste-Hülshoff und die deutsche Literatur. Kenntnis – Beurteilung – Beeinflussung, Münster 1979, S. 32. [5] Kortländer ebd. S. 39. [6] Franz Pfeiffer (Hrsg.), Briefwechsel zwischen Joseph Freiherrn von Laßberg und Ludwig Uhland, Wien 1870, S. 230f., Brief vom 21. August 1836. [7] Kortländer (wie Anm. 4), S. 239. [8] Kortländer ebd. S. 240 f. [9] Aus: Hans-Ulrich Wepfer, Johann Adam Pupikofer (1797–1882) Geschichtschreiber des Thurgaus, Schulpolitiker und Menschenfreund, Frauenfeld 1969, S. 91. [10] Briefwechsel (wie Anm. 6), S. 237f. Übersetzung des (verkürzt wiedergegebenen) Zitats nach Horaz Serm. II 6, v. 1–5: »Das wünschte ich; die Götter haben es besser und größer gemacht! Gut ists, ich erbitte nichts darüber hinaus! –« [11] Hermann Hüffer, Annette v. Droste-Hülshoff und ihre Werke, Gotha 1887, S. 263. [12] Nach Hüffer, ebd. S. 196; der von ihm zitierte Brief Annettes an Jenny scheint verschwunden. [13] Druck SK I 542: in. [14] Levin Schücking, Annette von Droste. Ein Lebensbild, mit ausführl. Nachw. hrsg. v. Levin L. Schücking, Stuttgart ^{2}1942, S. 91–93. [15] Vgl. Ulrich Gaier, »Concurrenzstücke«: Doppelstrukturen in Drostes Werken. In: In Search of the Poetic Real. Essays in Honor of Clifford Albrecht Bernd on the Occasion of his Sixtieth Birthday, ed. by John F. Fetzer, Roland Hoermann, Winder McConnell, Stuttgart 1989, S. 135–149. [16] Hüffer (wie Anm. 11), S. 262. [17] Quelle: Allgemeine deutsche Biographie, Leipzig 1876, Bd. 3, S. 196 f. [18] Quelle: Das Germanische Nationalmuseum Nürnberg 1852–1977, hrsg. v. Bernward Deneke und Rainer Kahsnitz, München 1978, S. 1121. [19] »Beauté du diable«: die vergängliche Frische der Jugendlichkeit. – Zur Unschlüssigkeit der Droste bezüglich der Veröffentlichung der ›Westfälischen Schilderungen‹ vgl. D-HKA V 508–511. [20] Ausführliche Bibliographie von Karl Bartsch in Pfeiffers Ausgabe des Laßberg-Uhland-Briefwechsels (wie Anm. 6). [21] Das heutige Salem, Schloß und Gemeinde im Bodenseekreis nahe Meersburg; Sitz der Markgrafen von Baden. [22] Quelle: Rudolf Krauß, Schwäbische Litteraturgeschichte, Freiburg 1897/99, Bd. 2, S. 414 f. [23] Kortländer (wie Anm. 4), S. 201 f. [24] Ignaz Heinrich von Wessenberg, So versank die alte Herrlichkeit. Reisebilder und Gedichte, hrsg. v. Klaus Oettinger und Helmut Weidhase, Konstanz 1988, S. 164. [25] Erste Strophe des Reisebilds ›Der Bodensee‹, ebd. S. 138. [26] Vgl. ebd. S. 166 f. [27] Von der Droste erwähnt, mit Kenntnis seines literarischen Ansehens, SK II 190; Schücking verschaffte ihr ein Handschreiben Heines für ihre Sammlung, worüber sie hoch erfreut war (SK II 282). [28] Heinrich Heines Sämtliche Werke, hrsg. v. Ernst Elster, Leipzig und Wien o.J., Bd. 4, S. 305. Weitere Auseinandersetzungen mit der »Schwäbischen Schule« in der ›Romantischen Schule‹, Kap. V (vor allem: Uhland), ebd. Bd. 5, S. 344–353, und vor allem im ›Schwabenspiegel‹, ebd. Bd. 7, S. 324–337, der 1839 im ›Jahrbuch der Litteratur‹ veröffentlicht wurde. – »Fallhütchen« ist eine Kopfbedeckung für Kinder, die Verletzungen beim Fallen verhindern sollte. [29] Kortländer (wie Anm. 4), S. 239. [30] Vgl. auch Kortländer, ebd. S. 239. [31] Heine im ›Schwabenspiegel‹, Bd. 7 (wie Anm. 28), S. 328 f. [32] Alle Angaben bei Kortländer (wie Anm. 4), S. 243. [33] Vgl. etwa Kerners Kritik, wiedergegeben bei Kortländer ebd. S. 243. [34] Die »Zeitgenossenschaft« der Droste und Mörikes, allerdings ohne Berücksichtigung der Forschungen Heselhaus', bespricht Friedrich Sengle, ›Annette von Droste-Hülshoff und Mörike. Zeitgenossenschaft und Individualität der Dichter‹, Kleine Beiträge zur Droste-Forschung 3, 1974/75, S. 9–24. [35] Kortländer (wie Anm. 4), S. 242 Anm. 138. [36] D-HKA V 508–511. [37] Kortländer (wie Anm. 4), S. 238. [38] Dazu vgl. das reichhaltige Buch von Kortländer (wie Anm. 4), zu dessen Ergebnissen eine ausgebreitete Kenntnis römischer, engli-

scher und französischer Literatur hinzuzufügen ist, vgl. die Droste über ihre Sprachkenntnisse SK II 507. [39] Heine (wie Anm. 28), Bd. 4, S. 305 f. [40] Das Kapitel ›Schriftsteller-Existenzen‹ in Ulrich Gaier, Annette und das Geld. Die Droste, die Schriftstellerei, das Fürstenhäuschen. Ein Lesebuch, Konstanz 1993, zeichnet z. B. die über neun Jahre geführte Beobachtung einer Schriftsstellerin (Luise von Bornstedt) aus den Briefen der Droste nach. [41] Kurt Pinthus, Die Romane Levin Schückings. Ein Beitrag zur Geschichte und Technik des Romans, Diss. Leipzig 1911, S. 34 f.; Johannes Hagemann, Levin Schücking. Der Dichter und sein Werk, Emsdetten 1959, S. 29 f. [42] Vgl. das Kap. ›Eine grandiose Grundbesitzerin‹ in dem in Anm. 40 genannten Buch. [43] Levin Schücking, Lebenserinnerungen, Breslau 1886, I 179 und 114, zitiert nach Hagemann (wie Anm. 41), S. 16. [44] Reinhold Conrad Muschler (Hrsg.), Briefe von Levin Schücking und Louise von Gall, Leipzig 1928, S. 85. [45] Der Druck hat »Salamos ›Turteltaube in der Wildnis‹«. Ich nehme an, daß die Droste hier auf Hohel. 2, 8–17 anspielt und deshalb die Korrektur »Salomos« gerechtfertigt ist. [46] Über ihn und von ihm vgl. Joseph Albrecht von Ittner, Der schöne Scharfrichter und andere Geistreiche Erheiterungen, hrsg. v. Klaus Oettinger und Helmut Weidhase, Konstanz 1983. [47] ›Der Wildfang‹ von August v. Kotzebue (1761–1819). [48] ›Das Alpenröslein, das Patent und der Shawl‹ von Franz v. Holbein (1779–1855). [49] Die Bearbeitung des ›Till Eulenspiegel‹ stammt ebenfalls von Kotzebue (wie Anm 47). [50] Nach Robert Prölss, Geschichte des Hoftheaters zu Dresden. Von seinen Anfängen bis zum Jahre 1862, Dresden 1878, S. 473 f. könnte es sich bei dem berühmten Komiker um Gustav Räder handeln, der seit 1839 in Dresden mit großem Erfolg wirkte. Auch das Lustspiel ›Der Heirathsantrag auf Helgoland‹ von L. Schneider stand auf dem Spielplan (S. 633). Von dem vorübergehenden Auszug oder der Entlassung einer Schauspielertruppe weiß Prölss jedoch nichts zu berichten (Räder hat dann bis in die sechziger Jahre in Dresden gewirkt). – Nach Hüffer (wie Anm. 11), S. 286, setzte die Droste sich persönlich für die Schauspieler ein: »In Meersburg befand sich eine Schauspielertruppe, nicht ohne gute Kräfte, aber ganz ohne Mittel. Annette schenkte ihnen selbst eine namhafte Summe und brachte durch eine Sammlung so viel auf, daß die Leute sich einrichten und redlich weiter bringen konnten.«

Inhalt